国家自然科学基金项目"产权激励还是围栏陷阱？草原确权颁证对牧户草地管护、投资及流转的影响评价研究"，项目编号：71863026

教育部霍英东基金会青年教师基金项目
"草原确权颁证政策对牧民生产性行为影响评估研究"，项目编号：171108

草原产权改革的经济影响研究

—— 以内蒙古为例

侯建昀　李敬玉　著

The Economy Effect of Grassland Property Reform:
Evidence from Inner Mongolia

中国社会科学出版社

图书在版编目（CIP）数据

草原产权改革的经济影响研究：以内蒙古为例/侯建昀，李敬玉著. —北京：中国社会科学出版社，2022.12
ISBN 978-7-5227-1185-0

Ⅰ.①草… Ⅱ.①侯…②李… Ⅲ.①草原—产权制度改革—研究—内蒙古 Ⅳ.①F327.26

中国版本图书馆 CIP 数据核字（2022）第 242713 号

出 版 人	赵剑英
责任编辑	王　衡
责任校对	王　森
责任印制	王　超

出　　版	中国社会科学出版社
社　　址	北京鼓楼西大街甲 158 号
邮　　编	100720
网　　址	http://www.csspw.cn
发 行 部	010-84083685
门 市 部	010-84029450
经　　销	新华书店及其他书店

印　　刷	北京明恒达印务有限公司
装　　订	廊坊市广阳区广增装订厂
版　　次	2022 年 12 月第 1 版
印　　次	2022 年 12 月第 1 次印刷

开　　本	710×1000　1/16
印　　张	14.75
插　　页	2
字　　数	181 千字
定　　价	78.00 元

凡购买中国社会科学出版社图书，如有质量问题请与本社营销中心联系调换
电话：010-84083683
版权所有　侵权必究

目　　录

第一章　引言 ·· 1
   第一节　研究背景 ····································· 1
   第二节　国内外研究综述 ······························ 4
   第三节　草原产权改革经济影响的关键问题 ············· 12
   第四节　研究数据来源 ································ 15
   第五节　草场经营特征 ································ 16

第二章　中国草地产权政策改革的历史演进 ············· 24
   第一节　内蒙古地区草原经营制度的演进 ··············· 24
   第二节　当前草原经营制度的挑战 ····················· 27
   第三节　草原产权制度变迁的启示 ····················· 37

第三章　国外典型草原产权政策的比较与启示 ··········· 40
   第一节　美国的草原产权政策与启示 ··················· 40
   第二节　蒙古国的草原产权政策 ······················· 49
   第三节　对中国的启示 ································ 54

第四章 中国草场确权颁证政策对草地流转的影响 ················ 57
第一节 确权颁证对草地流转影响的理论机制 ················ 57
第二节 理论模型构建 ················ 63
第三节 实证分析 ················ 67

第五章 确权颁证对牧民投资行为影响的分析 ················ 103
第一节 草地确权对牧民投资行为影响的理论背景 ················ 103
第二节 理论模型构建 ················ 107
第三节 实证分析 ················ 109

第六章 草地流转市场发育的经济影响 ················ 169
第一节 草地流转市场发育的制度背景与经济学逻辑 ················ 169
第二节 相关概念界定与理论基础 ················ 175
第三节 数据来源、模型设定与变量说明 ················ 177
第四节 草地流转经济影响的实证结果及分析 ················ 180
第五节 研究结论与政策建议 ················ 189

第七章 草原排他性产权强化对劳动力转移的影响 ················ 191
第一节 模型的构建 ················ 192
第二节 产权完备性水平与劳动力转移 ················ 197
第三节 实证分析 ················ 200

第八章 结论与政策建议 ················ 225
第一节 研究结论 ················ 226
第二节 草原产权治理的路径与对策 ················ 227

后 记 ················ 231

第一章

引　　言

第一节　研究背景

草原作为中国面积最大的陆地生态系统，其生态质量关系畜牧业的长期稳定发展，生态地位非常重要；而畜牧业作为牧区经济发展的基础性产业，是牧民收入的主要来源，在促进区域经济发展和保障农牧民生计方面的影响举足轻重。但现阶段草原牧区发展中存在的突出问题，包括牧民生计下降、草原生态退化、牲畜超载严重等，制约了草原地区经济和生态的可持续发展。因此，如何进行草原资源保护和经济开发的产权规制以及相关制度设计，值得学术界和政策制定者深入思考。

从历史视角看，围绕草原经营与保护问题的相关研究形成两种相悖的核心论点。一是牧区问题的关键在于草场承包到户的制度安排不适应草原生态系统综合管理要求。牧民的游牧传统是根据干旱和半干旱牧区的非平衡特征形成的，牧区的人、草、畜成为紧密关联的整体，而草场承包到户过程恪守的原则——对个体产权的边界要进行清晰界定，导致人、草、畜系统的经营出现破碎化，使牲畜的移动受到阻碍，对草地生产力和牧民的生产生活产生严重的影响。承包责任制自20世纪80年代初,在草原地区开始实施,建设围栏得到许可,家家户户纷纷在自己承包的草场上建设了围栏,牧户不但要花费高昂的费用维修围栏,同时文化精神也失去了依托。围栏昂贵的维修费用以及围栏使牧民之间沟通受阻等问题,引发了牧民们的广泛讨论。草原治理陷入"围栏的陷阱"[①]。二是牧区问题的根本在于产权改革不彻底,牧民不能获得完全的草地所有权,市场经济体制不完善。为了解决破碎化经营的问题,必须赋予牧民独立支配草场经营的权属,进而使草地资源配置市场得到完善,这样一来资源通过市场力量得到有效配置,草场通过流转的手段得到充分整合。显然,这两种研究结论间存在着明显的分歧,既不利于揭示草原退化的经济学逻辑,也不利于为草原牧区政策提供理论支撑。

上述结论间的分歧预示着研究草原确权的政策实施机理与效果,预测了其对未来农牧民生产行为和生计的影响,具有重要理论意义和现实意义。

在理论层面,在草原产权日趋明晰的背景下,按照产权经济学的规律判断,农牧户获得了独立的草场经营权属,必然会从可持续经营的角度控制草场载畜量,加大草场生产性投资和管护力度,进而使草原生态退化、牲畜超载严重等问题得到控制。但近年来的发展结果,事实上与草原确权承包政策及其预期效益存在着差距。那么,是因为在要素市场发育滞后的牧区,产权规律很难在中国体制背景以及市场环境中发挥有效的激励作用,进而导致牧户行为扭曲所致?还是由于现行草原产权制度背离了牧业发展规律及牧户的需求偏好导致?这些问题既是政策制定者及产业界关注的重大现实问题,也是学术界值得

[①] 杨理:《中国草原治理的困境:从"公地的悲剧"到"围栏的陷阱"》,《中国软科学》2010年第1期。

深入研究的重要问题。

在政策层面，如果草原确权颁证促进了草场的规模化经营，能够激励牧民维持草畜平衡，同时能够实现草场可持续利用，那么很显然，国家需要进一步加大草原产权改革步伐，解决草原权属改革不彻底的问题，确保牧民获得完善的草场经营权属，进而从根本上解决当前草原发展的困境。反之，如果草原确权与预期目标不一致，导致"围栏陷阱"问题加剧，也无法解决草原过度放牧、牲畜超载的问题，那就意味着该方向的政策转变与实现草原牧区又好又快发展的目标相违背。此外，研究中国的草原确权问题对其他发展中国家解决类似问题也具有重要的启示意义。

可见，从产权理论及政策有效性评价视角，采用理论分析与实证分析相结合的思路与方法，以北方草原为研究目标区域，测度和评价草原确权颁证政策的有效性，解释其中的关键问题及其成因，对探索现代草地农牧业经营体系建设、构建市场机制在资源及要素配置中发挥决定作用的制度及机制，具有战略意义。在清晰识别影响草原产权颁证政策有效性的外生系统、内生系统基础上，研究草原确权颁证政策对牧户的影响机理及其诱致性因素与动力，采用以实证分析为主的研究方法，以农牧户为单元，评价草地确权颁证政策对牧户草场流转、投资、管护以及载畜量控制等方面的影响，解析制约产权激励功能发挥的主要障碍与问题、设计突破障碍与问题的制度模式，对探索促进草原可持续发展和牧户增收，提高农牧业经营的集约化、规模化，促进农牧业产业转型升级及现代化，具有重要理论意义。从土地经济视角，围绕解决牧草地流转市场过程中的市场失灵问题，设计促进牧区农地流转政策规制方案，对优化农牧区产业政策，具有政策参考价值。

第二节 国内外研究综述

中国草原面积大，战略地位重要，是区域经济和资源生态管理的重要方面，草原管理研究和实践意义重大。[①] 从历史视角看，草原管理的政策靶向在不断变化，草原产权制度安排也在动态调整。从比较分析角度，草原生态学关注的重心是草原生态系统中人—草—畜如何协调适应进而实现可持续发展的问题，而经济学关注的重点则是如何在牧民增收、牧业发展与草原可持续利用的选择中获得最优解，其中深化草原产权改革，妥善处理牧区人与人之间的产权关系以及人与草的激励关系尤为重要。

一 基于历史视角的草原产权变迁过程

新中国成立以来，草原产权经营经历了"集体所有、自由放牧""草畜双承包""草牧场有偿使用联产承包""草原彻底承包到户"，以及"草原确权颁证"等改革阶段[②]，如图1-1所示。其中，在20世纪80年代以前，牧区草场归集体（国家）所有，推行人民公社制度。牲畜产权归集体所有，牧民原则上只能在归公社所有的草场上放牧。[③] 党的十一届三中全会后，牧区开始效仿农区进行草原经营体制改革，按照国家"草畜统一经营"的原则，开始固定草地所有权和使用

[①] 侯向阳、尹燕亭、王婷婷：《北方草原牧户心理载畜率与草畜平衡生态管理途径》，《生态学报》2015年第24期。

[②] 赵颖、赵珩、[荷兰] Peter Ho：《产权视角下的草原家庭承包制》，《草业科学》2017年第3期。

[③] 达林太、郑易生：《牧区与市场：牧民经济学》，社会科学文献出版社2010年版，第64—75页。

权。② 1982 年颁布的《中华人民共和国宪法》和 1985 年颁布的《中华人民共和国草原法》（以下简称《草原法》）都规定了草原的所有权，《草原法》同时还规定了草原的使用权和承包经营权。但由于历史原因，《草原法》并没有对国家和集体所有的草原分别给出定义①，也没有对草原的收益权以及转让权等各项权能做出专门的规定，草原产权仍是模糊的。②

20 世纪 80 年代末，内蒙古在牧区推行以户、联户、浩特等形式的第 2 轮草牧场承包，以解决"畜草双承包"政策在部分地区实施效果不佳的问题，为了草牧场承包责任制的进一步完善，内蒙古还同时实行了草地有偿使用办法。此政策又称为"草牧场有偿使用联产承包"，使用者承担保护建设草原的责任，同时其权益也受法律保护。③

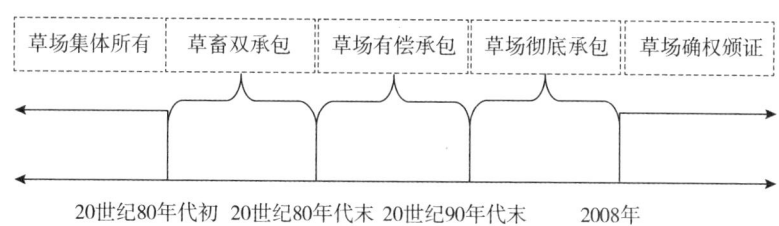

图 1-1 新中国成立后草原产权变迁过程

20 世纪 90 年代中期，草原管理与利用的合理性问题仍未得到解决，由草原承包责任制不完善造成的草原权属模糊、测量面积不准、边界不

---

① ［荷兰］何·皮特：《谁是中国土地的拥有者》，社会科学文献出版社 2014 年版，第 112—119 页。
② 刘艳、齐升、方天堃：《明晰草原产权关系促进畜牧业可持续发展》，《农业经济》2005 年第 9 期。
③ 王晓毅、张倩、荀丽丽：《非平衡、共有和地方性——草原管理的新思考》，中国社会出版社 2010 年版，第 221—230 页。

清、草原违法等现象经常发生，"公地悲剧"问题依旧存在。① 基于上述问题，20世纪末中央和省（区）政府开始施行草原彻底承包到户。② 2008年后，"确权"政策由中央政府提出，"确权"包括土地、草原、林地、宅基地等的登记。只有经过登记程序的土地才能得到确认和确定，该程序包括登记申请、地籍调查、权属审核、登记注册、颁发证书等。2013年后，在现有基础上，各地纷纷加快确权登记和颁证工作的步伐。农业部明确提出力争2015年完成草原确权承包工作。③ 以此为背景，围绕草原管理的国内外研究主要是从草原生态系统管理、产权经济学等视角展开。④

二 基于生态学视角的草原政策及评价研究

基于生态经济学视角的研究表明，生态系统是草原牧区社会经济活动的基础。⑤ 只有在充分考虑草原生态系统的特点和演进变迁规律的基础上，制定恰当的草原产权制度和相应的配套政策，才能确保草原资源的可持续利用。⑥ 由于草原生态系统的演化具有

---

① 李金亚、薛建良、尚旭东等：《基于产权明晰与家庭承包制的草原退化治理机制分析》，《农村经济》2013年第10期；王彦星、郑群英、晏兆莉等：《气候变化背景下草原产权制度变迁对畜牧业的影响——以青藏高原东缘牧区为例》，《草业科学》2015年第10期。

② 杨理：《完善草地资源管理制度探析》，《内蒙古大学学报》（哲学社会科学版）2008年第6期。

③ 农业部：《农业部关于开展草原确权承包登记试点的通知》，http://jiuban.moa.gov.cn/zwllm/tzgg/tz/201504/t20150408_4494148.htm.

④ 尹晓青、李周：《内蒙古深化草原产权改革的进展与评述》，《城市与环境研究》2016年第4期。

⑤ Barcus H. R., "Contested Space, Contested Livelihoods: A Review of Mongolia's Pastureland Management and Land - Tenure Reform", *Geographical Review*, 2018, 108 (1): 138 - 157.

⑥ 王晓毅：《市场化、干旱与草原保护政策对牧民生计的影响——2000—2010年内蒙古牧区的经验分析》，《中国农村观察》2016年第1期。

非连续性和不可逆性特征,而且影响草原干旱和半干旱生态系统演化的主要因素并不是放牧,而是降雨等非生物因素。① 因此,单纯依靠草原产权改革、草原生态奖补等政策难以维持草原生态系统的平衡。② 例如,内蒙古草原主要集中在干旱和半干旱气候区,大部分草原生态系统属于气候、行为、市场等多重因素干扰下的非平衡系统,而游牧恰恰能适应草原生态系统的非平衡性。③ 因而,从生态学家的视角看,移动放牧和柔性的草原管理政策势在必行,以应对多变的外部条件,协调处理草原和牲畜之间的关系。此外,不同类型的草场采用哪一种管理方式,应根据实际情况因地制宜地进行制度设计。④

学术界围绕草原管理制度对草原生态环境影响的问题进行了广泛研究与深入讨论。阿不满等⑤对玛曲草原进行研究,发现草原承包期内草地平均地上生物量、植被覆盖度、草层高度和物种数分别下降了47.0%、15.8%、44.1%和36.2%。其中的原因是草原承包到户后,牧户将属于自己的草地围起来,这样牧民彼此之间的生产活动不会受到影响,似乎做到了"产权明晰",从某种程度而言几乎掀起"圈地运动"。⑥ 然而,草原承包看似在一定程度上解决了"公地悲剧"问题,但是围栏的设立忽视了生态外部性问题,如对牧区野生动物的取

---

① 张新时、唐海萍、董孝斌等:《中国草原的困境及其转型》,《科学通报》2016年第2期。
② 胡振通、柳荻、靳乐山:《草原生态补偿:生态绩效、收入影响和政策满意度》,《中国人口·资源与环境》2016年第1期。
③ 徐建英、刘新新、冯琳等:《生态补偿权衡关系研究进展》,《生态学报》2015年第20期。
④ 杨理:《基于市场经济的草权制度改革研究》,《农业经济问题》2011年第10期。
⑤ 阿不满、张卫国、常明:《甘南牧区草原承包到户后的现状调查》,《草业科学》2012年第12期。
⑥ 丁恒杰:《关于草场制度改革的思考》,《草业科学》2002年第5期。

水、觅食以及迁徙等活动造成影响，使得草原牧区生态质量参差不齐，并与游牧民族传统的放牧方式相冲突，影响了牧民的生活，使他们陷入了"围栏陷阱"[①]。

还有研究将草原承包制引起牲畜数量变化，进而导致草原退化定义为"分布型过牧"，认为除了关注牲畜总量外，也应注意牲畜时空分布方式。[②] Ho 研究认为，与传统游牧相比，草地承包后的定居放牧使同等数量的牲畜对草地的作用力成倍放大，会造成定居点向周围出现点状荒漠化扩散。[③] 研究表明，内蒙古草原的退化是由于牲畜移动性降低导致的。Taylor 也认为，草原承包并没有减轻放牧压力，将大面积草原重新分配到户，带来严重的土地退化问题，而这种结果就是限制牲畜移动造成的。[④]

与上述观点不同，深层生态学认为，草原生态恶化的根本原因是草地产权制度滞后，如有偿流转不完善、放牧制度不合理等问题。[⑤]

三 基于经济学视角的草原政策及评价研究

从产权经济学视角看，草地利用过程中的产权问题是核心所在。有关草原管理及草原产权制度的研究在形成明确观点的同时，在某些领域也存在不一致的看法。

[①] 曾贤刚、唐宽昊、卢熠蕾：《"围栏效应"：产权分割与草原生态系统的完整性》，《中国人口·资源与环境》2014 年第 2 期。

[②] 侯向阳：《发展草原生态畜牧业是解决草原退化困境的有效途径》，《中国草地学报》2010 年第 4 期。

[③] Ho P., "The Myth of Desertification at China's Northwestern Frontier: The Case of Ningxia Province, 1929 – 1958", *Modern China*, 2000, 26 (3): 348 – 395.

[④] Taylor H., "Constraints of Grassland and Science, Pastoral Management and Policy in Northern China: Anthropological Perspectives on Degradational Narratives", *International Journal of Development Issues*, 2012, 11 (3): 208 – 226.

[⑤] 马桂英：《内蒙古草原生态恶化的制度因素与制度创新》，《兰州学刊》2006 年第 9 期。

第一章 引言

基于"公地悲剧"理论的研究表明，公共草地的自由进入必然会导致过度放牧而使草原退化。① 要从根本上解决草原退化问题，必须明确草原的产权，由此也为中国实行草原承包制和草原确权颁证提供了理论依据。② 然而，近年来的实证研究发现，当前中国草原治理正陷入从"公地悲剧"到"围栏陷阱"的困境，牧民一方面看到围栏造成的种种危害，另一方面家家户户又被迫围栏草原，进一步加剧了草原退化。③

基于产权理论的研究表明，只要草原产权是明确的并且交易成本极低，就可以通过市场的力量解决环境的外部性问题。④ 由于产权不能处于静止状态，必须通过产权流动方能实现资源的优化配置，这意味着如果牧民可以按照自己的经营能力和需求，重新配置草场，就能实现规模化经营。⑤ 因此，草场流转成为现有产权制度下完善草场承包政策的主要衍生措施。⑥

---

① Hardin G., "Extensions of 'The Tragedy of the Commons'", *Science*, 1998, 280 (5364): 682–683.

② Liu M., Huang J., Dries L., et al., "How does Land Tenure Reform Impact Upon Pastoral Livestock Production? An Empirical Study for Inner Mongolia, China", *China Economic Review*, 2017.

③ Liu M., Huang J., Dries L., et al., "How does Land Tenure Reform Impact Upon Pastoral Livestock Production? An Empirical Study for Inner Mongolia, China", *China Economic Review*, 2017；杨理：《中国草原治理的困境：从"公地的悲剧"到"围栏的陷阱"》，《中国软科学》2010年第1期。

④ 徐建英、刘新新、冯琳等：《生态补偿权衡关系研究进展》，《生态学报》2015年第20期。

⑤ Du B., Zhen L., De Groot R., et al., "Changing Patterns of Basic Household Consumption in the Inner Mongolian Grasslands: A Case Study of Policy-Oriented Adoptive Changes in the Use of Grasslands", *The Rangeland Journal*, 2014, 36 (5): 505–517；赖玉珮、李文军：《草场流转对干旱半干旱地区草原生态和牧民生计影响研究——以呼伦贝尔市新巴尔虎右旗M嘎查为例》，《资源科学》2012年第6期。

⑥ 胡振通、孔德帅、焦金寿等：《草场流转的生态环境效率——基于内蒙古、甘肃两省份的实证研究》，《农业经济问题》2014年第6期。

基于公共池塘资源理论的研究表明，以社区的自我组织和自治在解决人类社会中的大量公共池塘资源问题时更为有效[1]，这为摆脱"公地困境"提供了一种新的视野和解决方案。有学者指出，围绕中国的草原治理问题，应当在完善草原放牧权家庭承包责任制、建立水资源协调管理机制的基础上，鼓励集体行动[2]和联合放牧[3]，通过多样化的地方社区自主治理[4]，实现放牧利用前提下的草地多功能优化管理，是中国草原的治理之道。[5] 换言之，共同产权有望成为草地公有和草地私有之外的第三种选择。[6]

草原承包制不仅可以使牧民的生产积极性提高，还能缓解过量的牲畜导致的草场退化问题。产权清晰且安全的特征让使用者更好地参与改善土地、种植作物、从事商业活动等诸如此类的私人交易。国内部分学者也认为产权明晰是实现生态经济可持续发展的前提，不仅能够保护使用者的合法权益，也是化解地权冲突、维护社会稳定的关键。[7] 因此，中国草原产权制度改革将产权明晰作为理论方针[8]，部分

---

[1] Ostrom E., "Collective Action and the Evolution of Social Norms", *Journal of Economic Perspectives*, 2012, 14 (4): 235-252.

[2] Wilkes A, Tan J., "The Myth of Community and Sustainable Grassland Management in China", *Frontiers of Earth Science in China*, 2010, 4 (1): 59-66.

[3] Conte T. J., Tilt B., "The Effects of China's Grassland Contract Policy on Pastoralists' Attitudes Towards Cooperation in an Inner Mongolian Banner", *Human Ecology*, 2014, 42 (6): 837-846.

[4] Banks T., Richard C., Li P., et al., "Community-Based Grassland Management in Western China: Rationale, Pilot Project Experience, and Policy Implications", *Mountain Research & Development*, 2003, 23 (2): 132-140.

[5] Waldron, S. A., *Sustainable Development in Western China: Managing People, Livestock and Grasslands in Pastoral Areas*, Edward Elgar, 2008.

[6] Ho P, *Institutions in Transition: Land Ownership, Property Rights, and Social Conflict in China*, Oxford University Press, 2005.

[7] 苏玉娥：《国际视角下我国政府推动农村土地流转的政策选择》，《南昌大学学报》（人文社会科学版）2014年第2期。

[8] 刘杰、贺东航：《集体土地归属中的制度模糊与地权冲突》，《求是》2014年第12期。

学者也认为"产权明晰"能更有效地保护自然资源。[①] 基于这种判断,产权学派认为,草地确权颁证将使草地资产化、市场化运作以及有序流转成为可能。[②]

四 评价与讨论

20世纪80年代以来,北方牧区在原先的牲畜作价归户基础上继续深化草原产权改革,草原家庭承包经营责任制逐步明晰,从牧户共同经营到分组承包经营再到分户承包经营。与此同时,随着草原确权颁证工作的全面完成,草原产权制度发生了很大变化,草场承包经营权已近似一种完全所有权。那么有待回答的问题是,现阶段大力推进的草原确权颁证这一草原产权管理政策是否与政策目标相一致;在改善草原退化、促进草畜平衡、实现草原规模化经营、激励农牧民对草原进行长期性的管护投资等方面是否产生了积极影响,如果是,它具体是通过什么渠道、何种机理发挥作用,其影响程度有多大。回答这些问题具有至关重要的政策意义和科学意义。

然而,现阶段大量关于草原管理政策表现的文献关注的重点在牧民满意度[③]、牧民主观感知[④]、牧民生计[⑤]等微观方面以及家庭承包制

[①] 李金亚、薛建良、尚旭东等:《基于产权明晰与家庭承包制的草原退化治理机制分析》,《农村经济》2013年第10期;成金华、吴巧生:《中国自然资源经济学研究综述》,《中国地质大学学报》(社会科学版)2004年第3期。

[②] 敖仁其:《草原产权制度变迁与创新》,《内蒙古社会科学》(汉文版)2003年第4期。

[③] 韩枫、朱立志:《基于草原生态建设的牧户满意度分析——以甘南草原为例》,《农业技术经济》2017年第3期;胡振通、柳荻、靳乐山:《草原生态补偿:生态绩效、收入影响和政策满意度》,《中国人口·资源与环境》2016年第1期。

[④] 也尔那孜·玉山艾力、邵战林:《基于牧民视角的草原生态保护政策实施效果评价研究——以新疆新源县为例》,《中国农业资源与区划》2017年第4期。

[⑤] 王曙光、王丹莉:《减贫与生态保护:双重目标兼容及其长效机制——基于藏北草原生态补偿的实地考察》,《农村经济》2015年第5期。

的影响等，这类研究采用层次分析法、中介变量法或者规范分析法对草原的生态补偿、退牧还草、家庭承包等政策的效果进行研究，而很少有文献尝试对草原确权这一核心政策的绩效进行整体分析，并研究其对未来发展轨迹和区域发展政策的影响。由此可见，目前有关草原管理政策绩效评估方面的理论和实践研究都相对较少，还远远不能满足国家和区域生态保护建设及经济持续发展的需要，有进一步的提升和改进空间。

从根本上看，小农牧户的生产决策行为及其转变的过程和机制直接决定了草原管理政策的有效性、长效性以及能否在保护生态建设的基础上实现经济稳定增长。进行以实证研究为主的草原生态管理政策效果评估的科学研究，建立有效尺度上的草原生态管理决策支持系统，可以为从根本上认识和掌握牧户草畜平衡决策行为的内在机制，治理草原退化、实现中国牧区生态和牧民经济双赢提供有效的理论和现实指导。[①] 而且，基于中国事实的经验证据将进一步丰富和完善公共资源管理领域的理论体系和实证证据。

第三节　草原产权改革经济影响的关键问题

一　研究目标

一是从草原生态可持续发展与产权激励角度，以牧民生产行为理论为指导，以经济与生态相结合视角为切入点，解析草原确权对牧民生产行为影响的经济原理，探索构建中国草原公共资源管理的

[①] 侯向阳：《可持续挖掘草原生产潜力的途径、技术及政策建议》，《中国农业科学》2016年第16期。

理论基础。

二是以产权经济学理论为基础，总结世界草原资源管理以及中国草原管理制度变迁的发展规律、趋势。从草原管理制度变迁视角，总结归纳草原管理制度的主要特征，揭示其中存在的问题。分析草原管理的制度创新机理，识别中国草原管理制度创新的诱致性因素与创新动力。

三是探索构建评估和测度中国草原确权颁证政策绩效的方法；建立测度不同产权安排下草原管理制度绩效的比较分析方法；客观评价草原确权颁证政策的绩效，展望其发展前景；设计草原管理政策调整方案，并提出相应对策。

二 研究内容

（一）草地确权颁证对牧民经营行为影响的微观机理研究

从产权激励、草原管理创新与牧民经营行为变迁间的相互关联视角，分析草原确权颁证政策对牧民经营行为影响的微观机理；对草原确权政策的有效性进行分析、评价，构建确权对牧民经营行为影响的理论模型，并推理形成关于草原确权政策有效性状况的理论假设。

（二）草地确权颁证对牧民草场流转影响的评价研究

在上述理论分析的基础上，基于对牧民追踪调查的面板数据，运用 Probit 模型和 Tobit 模型分别实证分析草地确权对牧民是否对草场进行流转以及流转规模等两个方面的影响；运用倾向得分匹配模型（Propensity Score Matching，PSM）对嘎查（村）层面的草地确权与草场流转间的因果关系进行检验，测度草地确权对嘎查（村）草场转租比例和草场转租平均价格的影响。

（三）草地确权颁证对牧民草场管护与投资影响的评价研究

基于微观面板数据，运用双重差分模型（Difference-in-Difference，DID），实证分析草地确权颁证对牧民草场管护与投资的影响，评估草地确权对牧民草场管护和可持续投资的激励效应。

（四）草地确权及产权强度对牧民载畜量控制影响的评价研究

基于微观面板数据，运用基于广义倾向评分匹配方法的剂量响应函数（Dose-Response Function，DRF），分析"联户承包""家庭承包但承包草场四界不清""家庭承包四界清晰（确权颁证）"等不同产权强度的制度安排对牧民载畜量选择的影响，评估产权强度对牧民草原利用行为的影响。

（五）草原管理政策调整的对策方案研究

围绕促进草原可持续发展、实现牧民持续增收的目标，按照草原管理政策引导牧民生产方式变革、生产方式变革推动草原生态环境改善和农牧业效率提升的路径，以理论和实证分析结论为基础，设计促进草原动态管理的政策方案，并提出对策。

三 关键问题

一是以草场产权政策有效性评价为目标，研究解决要素产权缺乏有效性激励情境下，产权激励对牧民生产行为难以发挥有效激励作用的争论，以及该情境中牧民生产行为发生扭曲的问题。

二是以产权理论为基础，以北方牧户为案例，创建草原确权颁证政策绩效的评价方法，解决草原产权改革及政策创新效率经济分析和评价方法问题。

三是以产权理论和牧民生产行为理论为指导，以草原管理政策的有效性评价结论为基础，研究解决促进草原牧区经济持续发展过程中的草原管理政策整合问题。

第四节 研究数据来源

本章的数据来自2015年课题组对内蒙古自治区的牧户入户实地调研，牧户选择的方法是进行随机抽样，获得有效样本216户，有效村级问卷36份。有效村级问卷是通过与抽样的嘎查长谈话获取的。在选样时，根据草原类型（荒漠草原、典型草原、草甸草原）选取如下盟市，即乌兰察布市、包头市、锡林郭勒盟和呼伦贝尔市。为了满足随机抽样的要求，乌兰察布市和包头市各选择一个旗县，锡林郭勒盟和呼伦贝尔市各选择两个旗县（要求所选择的旗县草地承包和流转及生态补奖政策都有实施，且旗县之间有差异，包括实施方式或实施时间的差异）；每个旗县抽取三个苏木（将每个旗县的所有苏木按人均草地面积高中低排序，平均分成高中低三组，每组各抽取1个苏木）；每个苏木抽取2个嘎查（将每个苏木的所有嘎查按人均草地面积高低排序，平均分成两组，每组随机抽取1个嘎查）；每个嘎查随机抽取6户。在第一步选取旗县时，为了后续研究，要求被选中的旗县拥有国家气象观测站点或者有历年气温降雨等数据。最终，选取的旗县是乌兰察布市四子王旗、包头市达茂旗、锡林郭勒盟的锡林浩特市和西乌珠穆沁旗、呼伦贝尔市的新巴尔虎左旗和新巴尔虎右旗，见表1-1。这里需要说明的是，课题组在2018年获取了800份关于牧区和半农半牧区农牧户的调查数据，作为补充调研。

表1-1　　　　　　　　　　调查样本分布

草原类型	盟(市)	旗(县)	苏木	嘎查	牧户
	4	6	18	36	216
荒漠草原	乌兰察布	四子王旗	3	6	36
	包头	达茂旗	3	6	36
典型草原	锡林郭勒	锡林浩特	3	6	36
		西乌珠穆沁旗	3	6	36
草甸草原	呼伦贝尔	新巴尔虎左旗	3	6	36
		新巴尔虎右旗	3	6	36

课题组调查了包括家庭成员信息（如年龄、性别、教育年限、是否参加培训、从事工作种类等）、牧业生产信息（如草牧场面积、畜牧量、收入、成本等）、信贷信息、家庭资产状况、草牧场产权情况变化过程以及气候变化情况等在内的与牧民生产生活息息相关的绝大部分内容，时间范围是2000—2015年。

第五节　草场经营特征

由以上内容可知，自1978年内蒙古草牧场产权制度实施以来，草牧场产权完备性在逐步改善，但制度在实施过程中依然面临一些挑战与难题。以下列举相关产权制度的实施在牧户中覆盖程度的趋势，本节数据均为课题组实地调查数据。

草牧场产权制度以家庭承包责任制为基础，可以进一步细分为三

第一章 引言

个阶段,"包畜到户""牲畜作价归户"和"分草到户"。图1-2展示了1980—2015年分畜到户占比的变化走势,可以发现直到1984年,分畜到户占比才达到80%。图1-3展示了1980—2015年分草到户占比的变化走势,可以发现,在1983年"分草到户"政策开始实施时,分草到户占比只有16.28%,1996年达到58.14%,直到1997年,分草到户才基本实现全区普及。

图1-4展示了1980—2015年明确草场位置户数占比的变化走势,可以发现,1983年,明确草牧场位置的牧户占比只有8.45%,1997年土地二轮承包达到86.85%。同时,图1-5展示了1980—2015年明确边界户数占比的变化走势,可以发现,1983年明确草牧场边界的牧户占比只有7.04%,同样在1997年土地二轮承包时实现较大幅度的增长,占比达到81.69%,截至2000年明确草场边界的牧户占比才超过90%。

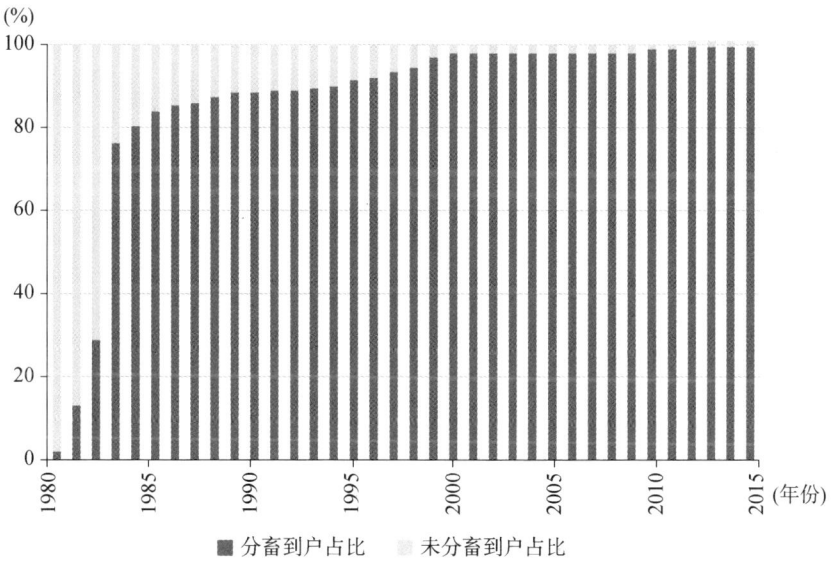

图1-2 历年分畜到户占比趋势

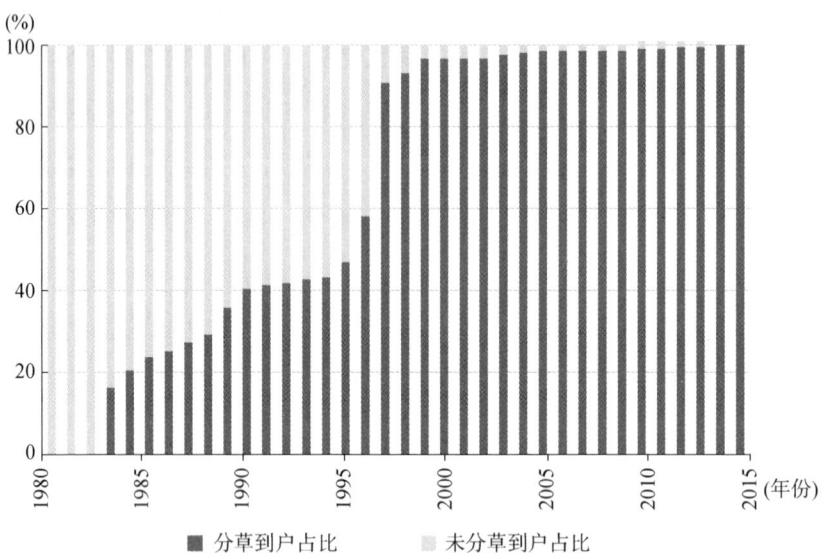

图1-3 历年分草到户占比趋势

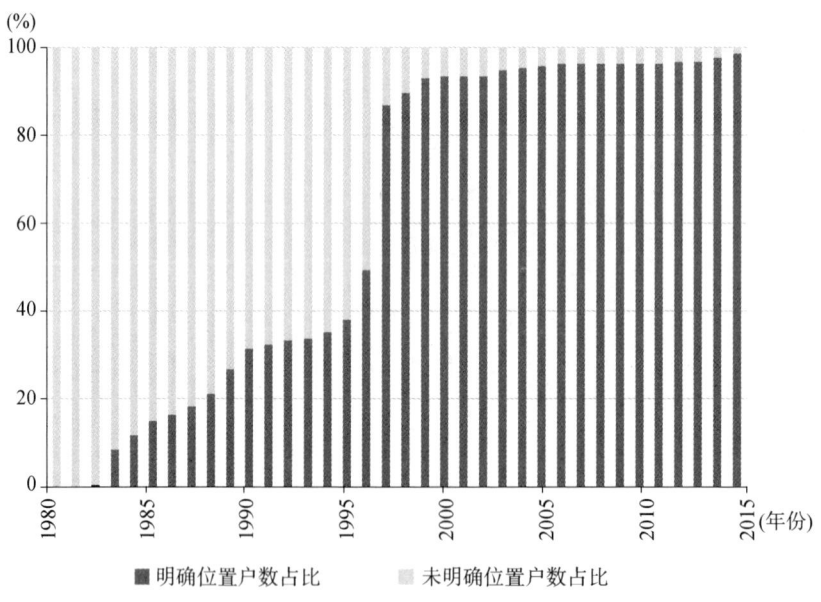

图1-4 历年明确草场位置户数占比趋势

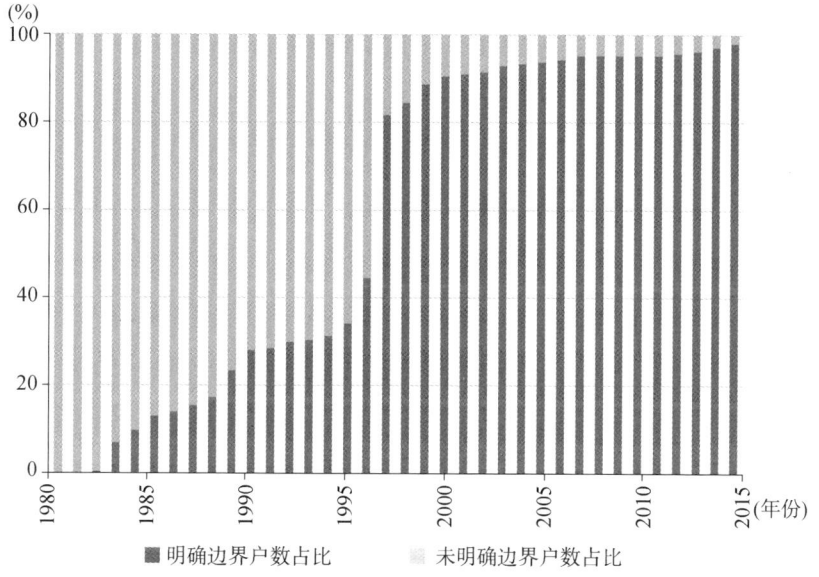

图1-5 历年明确边界户数占比趋势

明确草牧场位置和边界确实可以在一定程度上缓解草牧场产权制度完备性不高的问题,但草牧场被占用的情况仍时有发生,为此修建围栏的政策被提出,牧户使用国家补贴修建围栏,以提高草牧场的安全性和排他性。图1-6展示了1980—2015年修建围栏户数占比的变化走势,可以发现,1983年,修建围栏牧户占比仅有0.47%,直到2004年,牧户占比刚达到一半。截至2015年,修建围栏的牧户占87.85%,并未实现全区普及。图1-7展示了1980—2015年获得承包经营权证户数占比的变化走势,1983年,已获得承包经营权证的牧户仅占7.91%,1997年土地二轮承包开展后,拥有承包经营权证的牧户比例大幅提升,达到75.35%,截至2015年,占比为93.95%。

结合以上分析,对于产权制度完善贡献较大的是在1997年开展的土地二轮承包。但同时,相关产权制度与土地确权到2015年都没有得到完全覆盖。

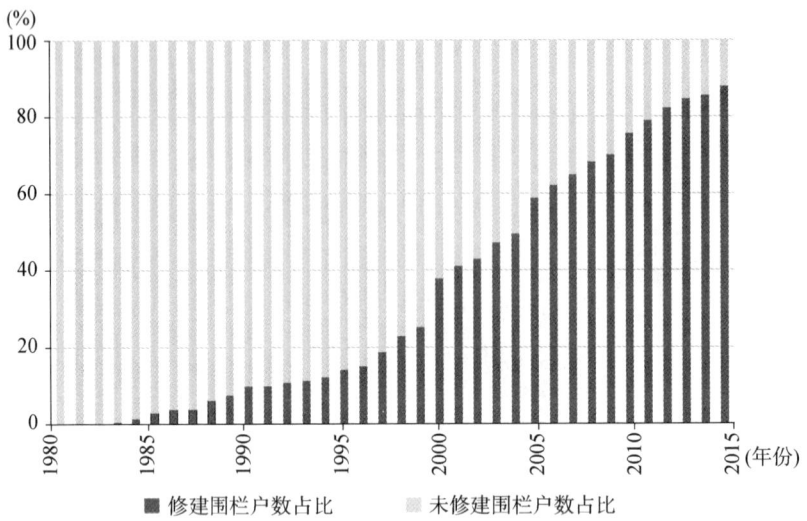

图1-6 历年修建围栏户数占比趋势

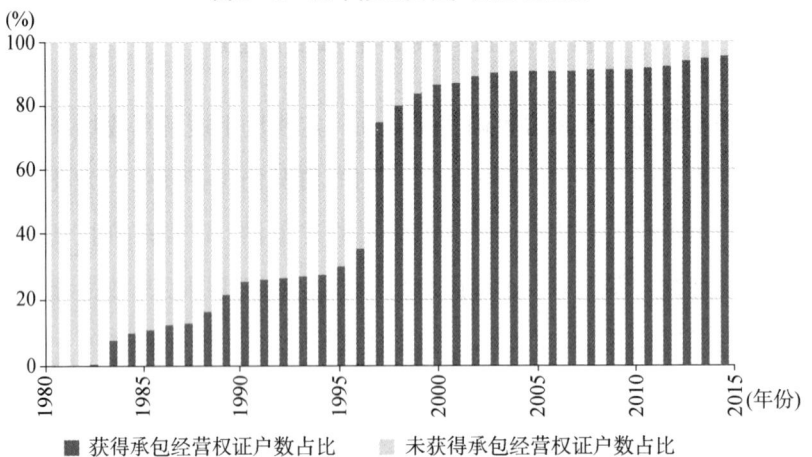

图1-7 历年获得承包经营权证户数占比趋势

课题组抽样调查采取的是分层抽样和随机抽样相结合的方式，按照荒漠草原、典型草原和草甸草原三类不同草场类型，随机选取乌兰察布市、包头市、锡林郭勒盟和呼伦贝尔市作为调研样本市，调研年份为2000—2015年。根据数据分析，可以发现，首先，草牧场产权制度的演进过程依据盟市不同而存在差异；其次，截至2000年，除修建围栏外的其他与草原产权制度完善相关的政策与措施基本实现全区普及，修建围栏牧户占比只有37.85%，所以，后续关于草牧场产权制度完善的相关影响，重点关注的是否修建围栏。

由图1-8可知，1984年，属于荒漠草原的乌兰察布市和包头市修建围栏的牧户占比仅有2.78%，1997年达到27.78%，截至2015年达到84.72%。

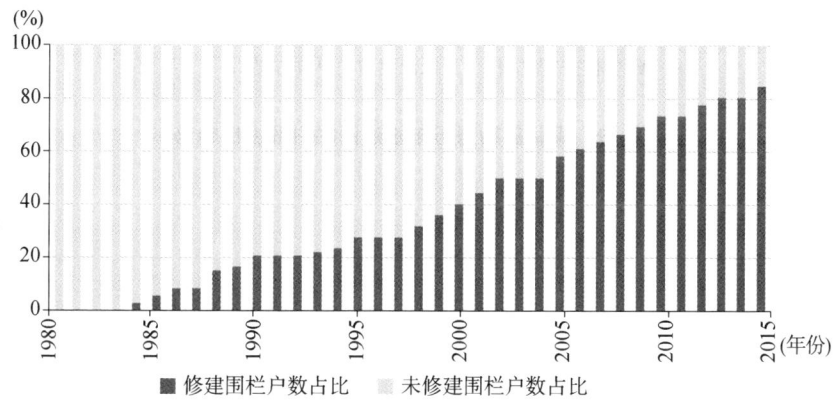

图1-8　乌兰察布市和包头市历年修建围栏户数占比趋势

由图1-9可知，1984年，属于典型草原的锡林郭勒盟修建围栏的户数占比为1.42%，1997年占比为24.28%，均略低于乌兰察布市和包头市。截至2015年，修建围栏户数占比为85.71%，较乌兰察布市和包头市高约一个百分点。

与乌兰察布市、包头市和锡林郭勒盟不同，属于草甸草原的呼伦贝尔市修建围栏户数占比的发展呈现出先慢后快的趋势。由图1-10可知，直到1996年，修建围栏户数占比仅有1.39%，而同年属于荒漠草原的乌兰察布市和包头市，属于典型草原的锡林郭勒盟修建围栏户数占比已分别达到27.78%和15.71%；截至2015年，呼伦贝尔市修建围栏户数占比却为93.06%，超过了乌兰察布市、包头市和锡林郭勒盟。

草原产权改革的经济影响研究

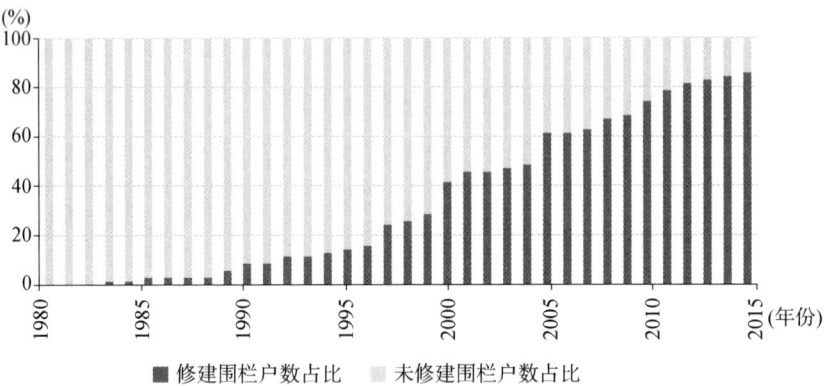

图 1-9　锡林郭勒盟历年修建围栏户数占比趋势

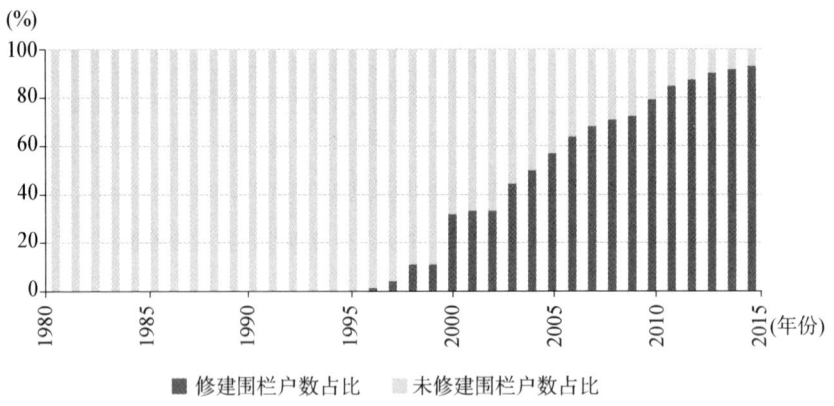

图 1-10　呼伦贝尔市历年修建围栏户数占比趋势

三种类型的草牧场是依据牧草种类和每亩草产量划分的,在调查问卷中涉及了相关问题,让填写问卷的牧民对 1995 年、2005 年、2010 年、2015 年牧草种类和每亩草产量进行打分,打分区间是 1—5 分,1 为最低分,满分为 5 分。

由图 1-11 可知,1995 年,牧民认为荒漠草原牧草种类较多,2005 年、2010 年、2015 年,牧草种类逐渐减少。同时,典型草原和草甸草原的情况与荒漠草原类似，二者的牧民均认为近几年相较之前牧草种类较少。由图 1-12 可知，1995 年、2005 年、2010 年、2015 年，三种类型草原的牧民均认为草牧场每亩产草量在逐年下降。

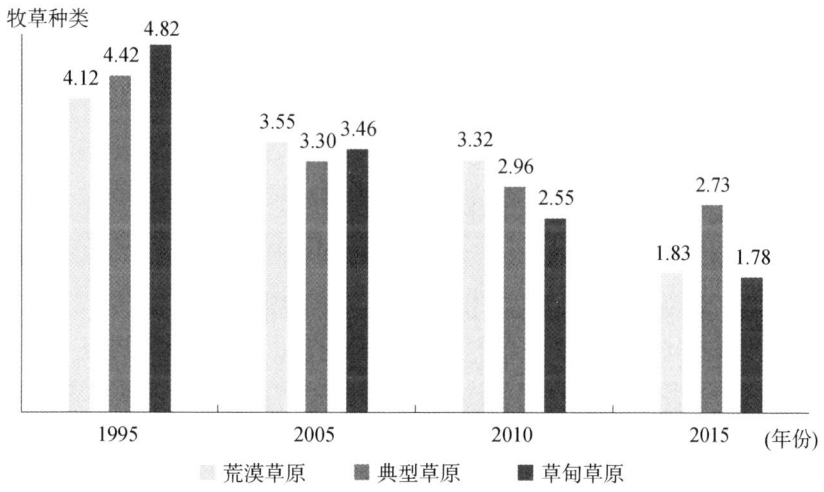

图 1-11　牧草种类评价

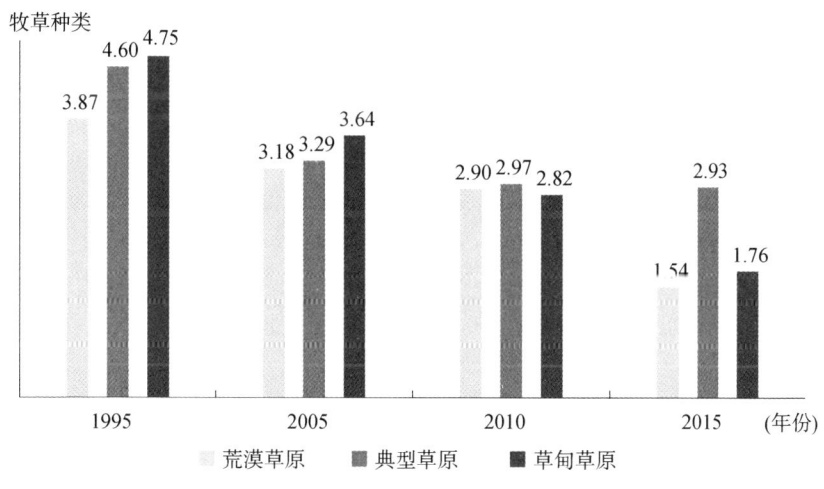

图 1-12　每亩产草量评价

第二章

中国草地产权政策改革的历史演进

第一节 内蒙古地区草原经营制度的演进

一 1949年以前的草地经营制度

中华人民共和国成立以前,牧民仅拥有草地的使用权,所有权归皇族、寺庙、地主或部落所有,但排他性不强。清朝建立了三层草地产权制度安排,土地所有权归国家,国家将部分土地分封给地主和官员,允许土地占有权买卖,农牧民可以租赁草地使用权。[①] 也就是说,只有土地租赁使用权和少量牲畜归属牧民,土地的占有权和牲畜都归属当时的蒙古王公贵族。从总体结构来看,新中国成立前,草原的所有权归属统治阶级,草原的占有权通过封赏的方式分给各层官员,官员再以租赁的方式将草原转让给牧民。由此可见,这种三层次的产权制度安排对牧民而言并不是开放式的放牧或公地放牧,而仅仅是一种非排他性的草场使用权。

[①] 乌日陶克套胡:《蒙古族游牧经济及其变迁研究》,博士学位论文,中央民族大学,2006年。

二 1949—1958 年的草地经营制度

新中国成立后不久,牲畜和草原被划分给牧民以家庭为单位进行经营,但牲畜和草场的所有权仍旧由集体所有。此时,分散居住和低投资水平成为制约牧区畜牧业发展的主要因素。地方政府为了促进畜牧业发展,纷纷出台政策措施鼓励牧民建立牧业合作组织,牧户集体合作成为重要的发展思路。牧户逐步建立起合作小组、合作社和高级合作社,组织规模越来越大,合作经营可行性逐步提高。在这一阶段,牲畜和草场归国家所有,而合作社拥有草场的使用权和牲畜经营权。

三 1958—1978 年的草地经营制度

1958年,牧区响应国家号召纷纷建立了人民公社,目的在于通过高水平的生产协作促进农业发展。所有的牧民均加入了人民公社,原来由牧民、部落和寺庙所有的牲畜和草场全部收归国家所有。人民公社拥有对草场和牲畜的经营权,生产收益统一由人民公社进行再分配。在此阶段,人民公社和生产小组对草场进行经营管理,载畜量根据季节、气候和降水条件进行适时调整,多数草场均可得到恢复性修养,牲畜结构也比较合理,因而这一阶段的生产模式整体上更加适宜,但问题是对牧民的生产积极性激励不足。

四 1978—2009 年的草地经营制度

1978年年底,中国共产党十一届三中全会召开后,乡镇取代了人民公社,行政村取代了生产大会,自然村取代了生产队,草原被分配到户或者联户,牧业大包干开始实行。1980年,按照国家"草畜统一经营"的原则，原来由生产队或者人民公社所有的牲畜和土地全部划分给牧户，各地草场所有权和使用权得到固定。这个时期的草原管理发生了实质性的改变，畜牧业实现快速发展。特别是《中华人民共和国宪法》和《中华人民共和国草原法》（以下简称《草原法》）分别在1982年和1985年颁布后，因为二者都涉及有关草原的所有权的规定，而且《草原法》还涉及对草原使用权和承包经营权的相关规定。但这个时期的草原产权仍然不明确，主要是《草原法》没有对国家和集体所有的草原给出定义，也没有对草原的使用权、收益权以及转让权等各项具体权能做出清晰的规定。

总体来看，20世纪80年代末，针对"草畜双承包"推行后部分牧区试行效果并不理想，开始推行以户、联户、浩特等多种形式的第2轮草牧场承包，并实行草地有偿使用办法，试图进一步完善草牧场承包责任制，此政策又称为"草牧场有偿使用联产承包"，使用者承担保护建设草原的责任，同时其权益也受到法律保护。

20世纪90年代中期，草原承包责任制尚不完善，草原权属模糊、测量面积不准、草原违法现象时有发生，草原管理与利用仍不合理，并没有解决"公地悲剧"问题。基于上述存在的问题，20世纪末中央和省自治区政府开始实施草原彻底承包到户。截至2009年，70%的草场实现了承包到户。

五 2009年至今的草地经营制度

自中央政府明确提出"土地确权"，包括土地、草原、林地、宅基地等登记工作。每块土地需要经过登记申请、地籍调查、权属审核、登记注册、颁发证书等等级程序，才能得到确认和确定。2013年后，各地纷纷在现有承包的基础上，加快实施确权颁证工作。草原确权明确了草原的所有权，稳定了承包权，放活了经营权，牧民群众的主体作用得以充分发挥。

第二节 当前草原经营制度的挑战

一 草原管理的相关法制建设

草原承包制是充分借鉴农区农地经营制度改革的实践经验进行的一项产权改革，目的在于调动牧民的生产积极性，通过建立一种长期、稳定的产权预期收益进而缓解过度放牧造成的草场退化。草原承包制自20世纪80年代以来，通过一系列法律的出台和实施在国家层面确立起来。

1979年，首部《中华人民共和国环境保护法》出台，而该法涉及环境保护和自然资源管理的相关条例又于1982—1997年进行了修订。为了适应自然和社会动态变化的关系，1997—2008年，全国人民代表大会加强了立法工作和环境法律法规的修订。到目前为止，国家层面涉及草原管理、保护和发展的法规共有8部，这些法律法规由全国人民代表大会制定，由相关的部委厅局分别执行，见表2-1。例如，草原法和农业法执行机构是农业农村部，森林法和防沙治沙法的执行机构是国家林业草原局，部分管理功能的重叠和管理缝隙容易导致草原管理体系出现漏洞。

除了上述法律法规之外，相关的草原政策也发挥了非常重要的作用。例如国务院于2002年出台的《关于加强草原保护与建设的若干意见》和2011年出台的《国务院关于促进牧区又好又快发展的若干意见》均对草原可持续发展发挥了重要作用。上述政策的出台为草原生态修复的经费提供了政策支持，相关的重要项目如退耕还林还草、草原生态补贴、游民定居工程等项目纷纷实施。

表2-1　　　　　　　　草原经营相关法律法规一览

名称	概要	管理结构
《中华人民共和国土地管理法》	1986年颁布，1988、1998、2019年修订	自然资源部
《中华人民共和国森林法》	1984年颁布，1998年、2009年修订	国家林业与草原局
《中华人民共和国草原法》	1985年颁布，2002年、2013年修订	国家林业与草原局
《中华人民共和国农业法》	1993年颁布，2003年、2013年修订	农业农村部
《中华人民共和国水法》	1988年颁布，2002年修订	水利部
《中华人民共和国水土保持法》	1991年颁布，2010年修订	水利部
《中华人民共和国防沙治沙法》	2001年颁布	国家林业与草原局

二　草原家庭承包制的实施现状与争论

总体来看，家庭承包责任制在中国草地资源管理制度体系中发挥了重要作用，该制度不仅涉及土地管理中使用权的分配，还涉及有限土地规模条件下的管理责任。家庭承包责任制自20世纪80年代初在牧区开始实施，是目前草原管理最重要的微观经营制度。该政策的内核在于将集体所有的草地使用权分配给牧户，目的在于试图通过产权激励的方式解决公共草地的过度放牧问题。但是关于家庭承包责任制在牧业生产中的作用的争论一直没有停止。家庭承包责任制导致土地细碎化、生产经营规模偏小，而且来自内蒙古自治区和宁夏回族自治区的证据表明，家庭承包责任制导致过度放牧问题非但没有缓解，反而变得更加严重。另有文献的研究则表明，草原承包也如农区土地承包所达到的目标，使牧区生产力要素得到充分发挥，提高了牧民的生活水平，牧区呈现出繁荣景象；草原家庭承包所起作用的地区，是那些早期分配匆忙并没有清晰边界的地区。

(一) 草原家庭承包的生态影响

草原经营制度与生态环境之间的关系，一直是学者们探讨的话题。对甘肃玛曲草原的分析发现，草原围栏建立草场使用权排他性的同时，草原生态系统的完整性被打破，生态系统外部性的问题没有被考虑在内，这导致承包期内草地平均地上生物量、植被覆盖度、草层高度和物种数分别下降了47.0%、15.8%、44.1%和36.2%，这些下降是因为产权分割使生物的取水觅食和迁徙等在一定程度上被干扰。

关于是何原因导致草原生态环境恶化的，有研究指出高的牧民养畜积极性引起的过度放牧以及牲畜超载是引发生态环境恶化的主要原因，为了缓解该问题，"减少牲畜""生态移民"的政策被提出，但这些政策并没有从根本上解决生态问题，既没有使草原环境得到改善，也没有使其适应气候变化。

限制牲畜移动的草地承包政策造成了同等数量的牲畜对草原的破坏力放大很多倍，进而使牧民定居点附近的牧场出现点状的荒漠化扩散。可以说草原承包到户政策限制牲畜移动是使内蒙古草原环境退化的原因之一，该政策不但没有缓解放牧压力，还使草牧场退化问题更加严重。

(二) 草原家庭承包的经济影响

对于草原家庭承包制的经济影响,从宏观层面看,该政策在内蒙古地区实施以来,对畜牧业经济产出做出了积极贡献。草原的使用权逐步稳定,转让权获得确认,经营收益权日益完善,说明家庭承包制正在不断演进。从微观层面看,该政策对畜牧业绩效做出了正向贡献。家庭承包制提高了牧户对承包草场稳定性的预期,生产积极性被充分调动,畜牧业绩效提高。从排他性角度看,该政策的高排他性并未对畜牧业绩效产生明显作用。可能原因是围栏成本高,具体来说,如果承包草牧场面积小且地块多就会使得需要围栏的地块增多,而且小面积的围栏草场生产率并不如预期那么高。一般来说,数千亩草场如果需要修建围栏,铁丝围栏成本一般在4万—5万元,围栏维修费用每年约为5000元。通过内蒙古锡林郭勒草原牧民的主观评价,70%的牧民表示无法负担围栏费用,只有10%的牧民认为围栏费用可以全部负担。从转让权角度看,家庭承包制使转让行为得到确认,有研究表明草原转让行为对畜牧业绩效的影响为正。

(三) 草原家庭承包的社会影响

草原承包的社会影响包括削弱牧民应对自然灾害风险的能力和阻碍社区的联结功能,伤害到牧民原本亲密的关系。从应对自然灾害来说,在该政策实施前,草原边界十分灵活,牧民可以在干旱、暴雪等自然灾害发生时,互帮互助,抵御极端天气。但是,私有产权使牧民从草原获利的能力减弱,原本灵活的草原边界不再灵活。从社区功能来说,牧民们通过唱歌、跳舞、绘画、赛马等活动建立的信任关系遭到破坏。另外,根据马尔萨斯理论,定居人口增加会引起饲养的牲畜数量增加，导致制度的改变。严格的监管、惩罚和补贴措施对违规行为并没有起到很好的遏制作用，可见，草原承包的"再集中"没有扭转中国草原退化的局面，本质原因是"自上而下"的政策没有获得认可。总结来说，虽然草原承包制在某些地区实现了经济效率的提高和牧民生活水平的改善，但明晰草原产权并不能解决所有草牧场问题，"一刀切"地推行明晰产权的草原承包制是不明智的，见表2-2。

表2-2　　　　　　　　　草原家庭承包制的影响

积极影响	不利影响
1. 产权相对清晰	1. 生产规模细碎化
2. 较好地建立了排他性使用权	2. 围栏建设和维护成本高
3. 牧民生产积极性被充分调动	3. 降低了牲畜移动性，容易出现点状的荒漠化扩散
4. 牧区经济快速发展，牧民生活水平提高	

三　当代制度安排与经济优势

传统分析的一个主要缺陷是缺乏对交易成本考虑的处理。这一遗漏主要有三个影响。首先，建立个人财产的成本被忽视了。其次，忽视了现有安排所带来的利益，或进一步排斥了机会成本。最后，缺乏对交易成本的考虑，使人们对集体行动成功的可能性过于悲观。

（一）排他性

牧区建立家庭所有制的成本包括社会间接成本和直接私人成本。社会间接费用包括详细地籍调查的管理费用、建立和维持综合土地登记制度的费用、通过正式的审判渠道解决纠纷的费用。牧场资源的特点，包括广泛性和空间离散性，这不仅增加了实施正式地籍调查和土地登记制度的成本，而且也给私人监测和家庭边界的实施带来了问题。

从上一节内容可以知道，围栏不足以确保排斥。在牧场使用的季节，家庭可以通过实地观察来监测和加强各自的边界。但是，要监测和执行的内部边界的总长度在个体所有制的情况下要比在集体权属的情况下大，而且，在监测的边界和执行活动中存在规模经济，这些规模经济至少是通过集体放牧安排实现的，集体所有制安排促进了集体放牧安排。在保护家庭牧场和干草地不受反季节侵占方面，也可以实现相当大的规模经济，这些规模经济目前是通过社区机制实现的，包括在牧场常年派驻草原保护家庭，社区监测和执行季节性移动规则。因此，集体所有制相对于个体所有制，可以以较低的成本建立排斥，甚至个体所有制也需要社区机制来协助执行。

(二) 牲畜管护中的规模经济

在牲畜管护方面存在规模经济，因为一个牧民家庭通常可以管护3—4户的牲畜。牧民的资源利用模式对牧民的劳动力有相当大的空间需求，因此，节约牧民劳动力是很有必要的举措。家庭通过形成集体放牧来实现牧群监管方面的规模经济。一种典型的安排是，一小群亲戚将他们的小牲畜集中在一个牧群中，年轻的家庭成员或男子负责监督他们，而集体中的其他人则负责饲养大型牲畜、耕作和晒干草。另外，一些家庭现在正在与商业牧民签约，以监督他们的牲畜。由于他们的报酬是按每头牲畜计算的，职业牧民也有通过将几户人家的牲畜集中在一起而获得规模经济的动机。

根据假定，鉴于更广泛的体制环境，集体所有制是一种低成本的机制，可促进集体放牧，从而在牧群监督方面获得规模经济效益。集体放牧意味着共同使用牧场。原则上，可以在个人的土地权属制度下，将相邻牧场合并成一个大的、连续的牧场，从而实现牧场的联合利用。这样做虽然没有明显的好处，然而，考虑到预期的结果，事实上，集体所有制无论如何都存在。集体放牧也可以在不形成连续牧场的情况下进行，因为集体牲畜可以在单个成员的牧场上轮转，即使它们并不相邻。然而，在实践中，这种安排将导致非成员牧场之间的频繁过渡，并提出了其他的挑战，即监测和管理在任何特定时间没有使用的同一季节性牧场内的地块边界。改变制度环境，使牧场使用者之间的使用权可以自由转让，有助于缓解个人使用权—联合经营制度的困难。但是，除了处于当前政治可能性之外，牧场使用权市场的交易成本总是很高。观察到集体放牧几乎专属于同一牧场群的成员，这证明了集体所有制和放牧安排之间的基本互补性。

(三) 社会保险

牧区权属制度与农地权属制度一样，在提供社会保险方面发挥着作用。牧区与耕地区有共同之处，即缺乏市场和国家社会福利。此外，考虑到牧区具有相对较低的非农工作机会发生率的特点，可以从中国农地所有权的文献中预期，在这些地区，平等获得土地构成了一种重要的社会保险形式。[1] 人们发现，牧区土地权属制度以几种不同的方式促进了对资源的平等获取。

集体所有制与赋予新家庭使用其父母牧场的权利和赋予移民家庭在返回时重用其原集体牧场的权利的规则相结合。这就提出了一个难题，即为什么在牧区背景下，集体所有制提供了社会保险，而在耕地背景下，另一种土地所有制机制，即家庭使用权的定期重新分配提供了社会保险。由于草地和耕地资源特征的差异，草地的周期性再

---

[1] 赵澍：《草原产权制度变迁与效应研究》，中国农业科学院，博士学位论文，2015年。

分配过程要比耕地的周期性再分配复杂得多。农田的定期重新分配得益于现有的家庭财产被分割成许多块地，每一块地都有明确的物理边界，而且这些块地不必是连续的（可能有例外，在机械技术方面的规模经济）。然而，就牧场而言，家庭在任何单一季节性牧场的持有必须保持连续，否则将会加剧在放牧劳动力、监测和执行边界以及过境权方面实现规模经济的问题。此外，与农田不同的是，定期重新分配牧场将需要定期划定新的视线界限，这是一项有争议并且烦琐的任务。最后，考虑到牧场的边界在一开始就被模糊地观察到，在其边缘进行连续的划定变动的做法毫无意义。简言之，与定期重新分配个人财产相比，集体所有制是确保持有牧场，从而提供社会保险的更可行的方法。

模糊的界限也有助于确保平等机会的政治和社会目标的实现。在春秋季牧场，内部边界是最模糊的，事实上内部开放通道更占优势。春秋季牧场的牧区资源分布特别不均匀，这使得确保牧区公平分配给集体的任务非常困难，更不用说家庭个体了。春秋季牧场另一个独特的资源特征是水资源在空间上集中在几条溪流和泉水池塘中。这与其他季节牧场水资源更均匀地分散的情况相反，夏季牧场有大量的山间溪流，而冬季牧场有降雪。可以设想划定牲畜路线，但这需要连接所有集体的牧场，且必须有大量的牲畜路线，划定的过程将是复杂的。内部开放通道是确保春秋季牧场公平获得水和零碎饲料的成本最低和争议较小的方法。

模糊的界限还有另一个目的，即保证家庭获得牧场，从而提供社会保险。一项非正式规则允许牧民在另一集体或社区的牧场上放牧牲畜，以供通行，这反过来又使他们能够进入分散的季节性牧场。因为季节性牧场之间的牲畜路线在某种程度上已经被划定，否则，获得牧草将不是一个不可克服的问题。然而，保持正规的牲畜路线将大大延长一些家庭的流动性。由于春秋季牧草处于夏、冬两季牧草的过渡带，因此春秋季牧草的流动性需求尤为重要，这也是该牧草开放程度较高的原因之一。虽然牧区所有权有助于平等获得土地，但平等获得土地并不一定意味着平等占有。家庭占用是家庭牧群规模的函数，考虑到自1985年以来家庭占用牧群规模的巨大差异，一些家庭从共同使用的牧场中占用的牧草明显多于其他家庭。因此，虽然平等获取牧草的机会有可能通过保证家庭获得最低限度的饲料而提供社会保险，但家庭要求这种保险的能力也取决于他们是否有大量牲畜来维持基本生计。

（四）减少环境风险

正如其他学者普遍提出的那样[1]，土地使用权安排的灵活性已经被发现有助于减轻草原的环境风险。在以暴风雪和大雪为特征的严冬期间，通常在山地牧场南侧放牧小型牲畜的家庭有时会被临时分配到沙漠盆地的冬季牧场，冬季牧场的边界也会临时重新划定，以容纳新到的人。在牧区资源相对零散且时间变化较大的春秋季牧草中，内部开放通道有助于确保环境风险分散在整个集体。地方政府和社区领导人根据气候条件在季节性牧场之间略有变化的移动时间，进一步证明了土地使用权的灵活性有助于管理环境风险。

然而，由于这些风险在可行迁移带之间的高协方差，土地权属灵活性帮助降低环境风险的潜力是有限的。这导致了观察到的趋势，即当不利气候事件导致牧草短缺时，社区和集体如果有任何变化的话，会更加保护牧场边界。最后，除了土地保有权之外，家庭还可

---

[1] 杨理：《草原治理：如何进一步完善草原家庭承包制》，《中国农村经济》2007年第12期。

以利用其他机制来帮助他们应对环境风险，包括先发制人的牲畜的销售和饲料的购买，这些饲料由地方政府以部分补贴和信贷的方式提供。

（五）管理费用

所有制在很大程度上是建立在社会主义前的社会形态的基础上的，具有一定的有利于低成本和成功的集体行动的特点。牧场集体的规模相对较小，通常由多达十几个家庭组成，并且在种族方面是同质的。此外，由于牧区普遍缺乏替代生计机会，牧民缺乏对牧场资源的非牧用使用，牧区集体在对牧场资源的相互依赖和利益上具有同质性。基于已有的亲属结构，集体具有自然的权威结构，集体成员也具有重复和多重关系。[①] 这些特点都有利于社会资本的积累和一、二级集体行动困境的克服。此外，集体特征可以在一定程度上推广到社区层面。这一级的集体行动取得成功的证据表现为相对有效的外部和季节性排斥机制以及争端仲裁机制。由于牧场资源的不同性质和季节性使用，社区完全可以以比外部监管更低的成本承担这些任务。

鉴于存在有利于成功的集体行动的特征，以及在某些领域成功的集体行动的证据，社区和牧场集体在放牧率调节方面的集体不作为的举动令人不解。这个问题不能通过新的牧场生态学来解释，因为在新疆，外部饲料投入的可用性缓和了环境逆境和冬季饲料限制对牲畜数量的自然控制。此外，现有的科学证据表明，过度放牧是春秋季牧场发生长期草场退化的一个促成因素。这表明有必要对放牧率进行某种形式的调节，特别是对春秋季牧草来说。可以认为，模糊边界的存在

---

① 敖登托娅、乌斯：《内蒙古草原所有制和生态环境建设问题》，《内蒙古社会科学》（汉文版）2004年第6期。

可能使集体行动问题复杂化，因为它将其转化为一个多层问题。不仅是家庭，团体和社区也需要确保，即如果他们遵循放牧率限制，其他人也会效仿。然而，正如政府推导的季节性移动规则以及社区对这些规则的监测和执行所证明的那样，共同管理方法可以促进解决多层集体行动问题。相反，社区在放牧率管制方面缺乏行动，是因为国家缺乏此类行动的空间。目前集中式方法在衍生、监控和执行放牧率方面的局限性是显而易见的。因为牧场生产力的年际变异性很高，牧民们普遍认为政府的固定载畜率方法是不合适的。此外，由于牧场的性质和季节性利用的不同，外部监测和执行家庭放牧率的任务成本是昂贵的，肯定超出指定机构所能支配的有限资源。鉴于与外部管制有关的交易费用过于昂贵，对资源使用规则的衍生、监测和执行采取共同管理是一种更可行的办法。

第三节 草原产权制度变迁的启示

上述传统和新的制度分析分别强调了与当前事实上的牧区所有权相关联的一些潜在效率成本和效益。由于存在模糊的边界和没有内部监管机制的集体所有制安排，出现了部分产权改革的"公地悲剧"。

从传统产权的角度来看，可以预期，随着时间的推移，新疆和西藏的牧区所有权的成本效益关系将朝着更大的排他性转变。在现有权属制度下，过度使用牧场造成的效率损失即使不会恶化，也将继续下去。随着时间的推移，使用围栏来建立严格的排斥将变得更加可行，因为社会对它的接受程度增加，其成本相对于劳动力机会成本的上升而下降。放牧权市场和放牧劳动力市场的发展可以使个体所有制下的牧群监管获得规模经济，从而使集体所有制不再适用。随着人口增长的稳定，非农就业机会的增加，以及更全面的国家福利制度的发展，集体所有制所扮演的社会保险角色在未来同样可能会削弱。土地所有权制度目前在减轻环境风险方面只起次要作用，随着家庭饲料生产的增加以及放牧权、信贷和饲料市场的改善，这一作用在未来将进一步减弱。最后，应用集体行动理论，可以预期，进一步的市场整合将侵蚀集体行动的必要条件，并增加内部治理的成本，这加速了成本—效益关系向有利于个体所有权的转变。

传统分析的主要启示和国家草原政策的目标是适时创建家庭牧场。在一些地区，冬季牧场和冬季—春季家庭牧场已经被广泛地围起来，当地官员和牧民对夏季家庭牧场也将被围起来抱有很高的期望。家庭牧场的放牧率已被包含在草地使用证书中，牧民被警告必须在规定的时间内遵守规定，之后乡镇官员和村委会成员也将计划联合执行。如果再加上对牧场状况的仔细监测，这些地区可以作为当代牧场政策的试验台。

上述转型紧密基于国家草原政策，代表了一种定向创新而非诱导创新。另一种方法是加强管理，并将以社区为基础的资源管理作为其中的一个组成部分，在中国的其他地区已越来越多地进行试点。[①] 共同管理方式通过允许实质性的社区参与制度设计过程，为诱导制度创新创造了空间。试点计划下的新的制度安排形成是多种多样的，但常见的因素是牧场的使用和管理是由一个集体或村庄按照规则，在当地政府的协助下由实际用户监控和实施的。正如牧民自己所解释的那样，集体管理的好处进一步支持了本书前面提出的一些主张。围栏的成本降低促进了更大的外部排斥，因为围栏的边界长度小于个体所有制下

---

① 何欣、牛建明、郭晓川等：《中国草原牧区制度管理研究进展》，《中国草地学报》2013年第1期。

的长度。随着联合牧场的承载能力和每个家庭能够放牧的牲畜单位数量在当地政府的帮助下得到确定，内部监管也得到了改善，这些规则由集体监测和执行。由于家庭轮流监督共同的牧群，牧群监督的规模经济仍可获得收益。另外，还提供了社会保险，因为每个家庭都有权在共同管理的牧场上放牧一定数量的牲畜单位。在某些情况下，牧群规模小且没有利用其所有权利的家庭可以通过将其剩余权利出租给其他家庭来赚取补充的生计来源。

正在试行的不同的共同管理模式似乎是对现有情况的改进，使更严格的排斥和适当的内部管制成为可能，但同时又保留了集体所有制的好处，包括在集体监督和提供社会保险方面的规模经济。因此，共同管理是维持现状或严格执行尚未证实的家庭农场制度的另一种选择，不必假定为两者之间的线性路径上的中途停留。从制度经济学的角度来看，新疆和西藏地区的环境变化较大，对畜牧业的依赖程度较高，对生态环境的依赖程度较低，不太可能形成大范围的差别化管理体系。

第三章

国外典型草原产权政策的比较与启示

第一节 美国的草原产权政策与启示

美国牧场包含的草原类型多种多样。从佛罗里达湿润的草原到怀俄明州的沙漠灌木生态系统,从犹他州的高山草地到加利福尼亚州的荒漠草原。美国拥有约7.7亿英亩的牧场,私人拥有全国一半以上的牧场,联邦政府管理着43%的牧场,州和地方政府管理剩余部分。

一 美国草原的管理体系

美国掌管草原资源管理的机构除政府机构外,行业协会和一些非政府组织也参与管理服务。政府机构主要有美国农业部、内政部、环保局,它们的职能范围既有所联系又有不同的重点关注领域。行业协会和非政府组织负责的工作主要是草原技术服务和培训方面。联邦政府下设的草原管理机构主要有以下六类。

(一) 农业部森林管理局

美国农业部下属的林务局管理着大约1.91亿英亩的国家森林系统

土地。大约有一半的土地是牧场。林务局在管理牧场方面经历了许多变化。在 19 世纪早期，无人认领的公共土地上的自由草料使美国牛羊帝国得以建立。这些牧场很快就出现了过度放牧、过度放养和过度拥挤等问题。20 世纪初，国会任命林务局为先锋放牧管理机构。1906—1907 年，林务局建立了自己的牧区管理体系，这一体系包括许可证、畜群规模限制、放牧季节、配额和租金。这一系列制度已成为其他从事资源保护和追求社会发展目标的机构的一种模式。

(二) 农业部自然资源保护局

自然资源保护局的作用是为保护自然资源提供国家领导和技术援助，以确保粮食和纤维的持续生产。利用适当的科学和技术，向牧场和其他放牧地的所有者和管理者提供高质量的援助，以管理、加强和在必要时恢复这些放牧地的生态系统。为了实现单个经营单位的保护目标，自然资源保护局在对土壤、水、植物、动物和野生动物栖息地资源进行科学调查的基础上，帮助牧户制定和实施其保护计划。其目的是帮助所有牧民成为自然资源保护主义者。酌情提供集体规划和应用援助，以及向社区和政府单位提供援助。

管理良好的放牧地将带来的广泛公共利益包括保护放牧地生态系统，防止土壤侵蚀，保持或提高土壤质量，持续的饲料和牲畜生产，提高水分产量和质量，多样化的野生动物栖息地，美学和开放空间等。

(三) 内政部土地管理局

内政部土地管理局成立于 1946 年，但其根源可以追溯到美国独立后的几年，当时这个年轻的国家开始获得更多的土地。起初，这些土地被用来鼓励建房和向西迁移。土地办公室成立于 1812 年，以支持这一国家目标。随着时间的推移，对公共土地的价值观和态度发生了变化，国会合并了土地办公室和另一个机构——美国放牧服务机构，创建了内政部土地管理局。国会授权内政部土地管局管理公共土地，用于能源开发、牲畜放牧、娱乐和木材采伐，同时确保自然、文化和历史资源的当前和未来使用。

（四）内政部国家公园管理局

国家公园管理局是美国内政部的一个部门，由总统提名并经美国参议院批准的一名局长领导，主要负责美国境内的国家公园、国家历史遗迹、历史公园等自然及历史遗产保护。国家公园管理局为421种受威胁或濒临灭绝的动植物提供栖息地保护，它还确保了150多万处考古遗址和2.7万多处历史和史前建筑的保存。此外，国家公园管理局还监督历史或文化意义重大的博物馆物品的保存，如乔治·华盛顿的就职外套。国家公园管理局监管着一切，从阿拉斯加棕熊的栖息地到世界上最大的生物——高大的红杉，世界上最长的洞穴系统——猛犸洞国家公园是国家公园管理局保护工作的一部分，还有位于德纳里国家公园的麦金利山，它是北美的最高点。

（五）内政部鱼类和野生动物管理局

鱼类和野生动物管理局的历史可以追溯到1871年。其主要职责是管理公众信托的鱼类和野生动物资源，为今天和未来的人们服务。其任务是通过有效执行联邦法律来保护野生动植物资源。通过与联邦、州、部落和外国执法机构以及其他保护伙伴合作，打击野生动物贩运，帮助恢复濒危物种，保护候鸟，保护野生动物栖息地，保护渔业，防止入侵物种的引入和传播，促进国际野生动物保护。

(六) 联邦环境保护局

联邦环境保护局之所以被称为监管机构，是因为国会授权其制定法规，解释实施法律所需的技术、操作和法律细节，其使命是保护人类健康和环境。联邦环境保护局的工作是确保美国人有清洁的空气、土地和水；国家减少环境风险的努力以现有的最佳科学信息为基础；保护人类健康和环境的联邦法律得到公平、有效的管理和执行，并符合国会的意愿；环境管理是美国有关自然资源、人类健康、经济增长、能源、交通、农业、工业和国际贸易政策的组成部分，在制定环境政策时也同样考虑这些因素；社会的所有部分——社区、个人、企业以及州、地方政府都能获得足以有效参与管理人类健康和环境风险的准确信息。

二 美国草原的法律制度体系

美国在开发利用草原过程中，为解决不断出现的问题，进行了有针对性的立法。特别是20世纪30年代，由于过度毁草开荒、过度放牧，草原植被破坏严重，土壤风蚀加剧，美国大平原出现了严重的土地退化问题，发生了"黑风暴"、干旱等连续大规模的自然灾害，酿成了巨大的生态灾难。灾害事件使美国对土地开发政策进行了深刻反思，为了恢复生态，保护草原，促进草原可持续利用，美国国会相继通过了一系列草原和土地保护的法令。

(一)《泰勒放牧法》

1934年的《泰勒放牧法》，由罗斯福总统签署，旨在通过防止过度放牧和土壤退化，停止对公共牧场的伤害，同时希望提供对公共牧场有秩序的使用、改进和发展，稳定畜牧业。《泰勒放牧法》第 3 节涉及在该法规定的放牧区内的公共土地上发放放牧许可证，它给予在牧区或邻近土地的土地所有者和自耕农租赁优先权，许可证签发的时间不超过 10 年。关于基本财产的要求，基本财产是土地，由土地管理局许可证持有人拥有或控制，作为许可证持有人的牲畜经营基地。土地必须能够生产农作物或饲料，可用于在特定时期支持牲畜。根据第 3 节的许可，基本财产不必毗邻用于放牧牲畜的公共土地。该法第 15 节支持放牧租赁的基本财产必须与租赁的公共土地毗邻，除非申请人没有毗邻的土地。

（二）《国家环境政策法》

《国家环境政策法》于 1970 年 1 月 1 日签署。该法要求联邦机构在做出决定之前评估其拟议行动的环境影响。该法涵盖的行动范围很广，包括对许可证申请作出决定，采取联邦土地管理行动，以及建设公路和其他公共设施。利用《国家环境政策法》程序，各机构评估其拟议行动的环境及相关社会和经济影响。该法的第一篇载有《国家环境政策宣言》，这一政策要求联邦政府使用一切可行的手段来创造和维持人与自然和谐共存的条件。该法案第一章第 102 条要求联邦机构通过系统的跨学科方法将环境因素纳入其规划和决策。具体来说，所有联邦机构都要准备详细的声明，评估对环境产生重大影响的主要联邦行动的环境影响和替代方案。这些声明通常被称为环境影响声明和环境评估。

（三）《联邦土地政策管理法》

1976 年通过的《联邦土地政策管理法》确立了土地管理局管理的

公共土地的政策。为了确保畜牧业对土地管理局管理的公共土地的长期稳定使用，该法案批准了为期10年的放牧许可，并要求提前2年通知取消。该法案还指定放牧顾问委员会（根据《泰勒放牧法》成立）指导国土资源部制定分配管理计划和分配牧区改善资金。与《泰勒放牧法》不同，该法案没有区分放牧许可和租赁。国会的明确意图是，土地管理局在所有公共土地上的放牧管理在许可证和租赁方面保持一致。

（四）《公共草地改良法》

1978年的《公共草地改良法》，确立并重申国家政策和承诺，对当前公共牧场的状况和趋势进行清查和确定；管理、维持及改善公共牧地的状况，使牧地在符合管理目标及土地用途规划程序的情况下，在所有牧地价值的可行范围内发挥最大的生产力；对公共放牧使用收取公平的费用；继续执行保护野生马和驴不被捕获、骚扰以致死亡的政策，同时促进清除和处置过多的野生马和驴，因为它们对自身及其栖息地和牧场的其他价值构成威胁。

（五）《草地革新法》

《草地革新法》是在《泰勒放牧法》的基础上，进行了进一步改进，目的是对公共草地实施更科学的管理，同时协调公共草地不同管理者，诸如森林管理局和土地管理局之间的管理冲突。该法涉及放牧优先、草地改良所有权以及允许申请托管资格等方面，还提出通过增加西部地区联邦公共草地放牧费来改善环境质量的议题。

（六）其他对草原有影响的法律

除上述法律外，美国还有一些法律对草原保护管理产生了积极影响，这些法律共同构成了美国草原保护管理的法律体系。1937年的《班克黑德—琼斯租赁法》指导农业部长开发项目进行土地保护和利用并纠正土地利用中的失调，从而帮助诸如控制土壤侵蚀，植树造林，保护自然资源、鱼类和其他野生动物；1950年的《格兰杰—泰法》(Granger - Thye Act) 授权从拨款中改善放牧范围，并允许林务局授权放牧顾问委员会，发放不超过十年的放牧许可证；1959年的《野马保护法案》禁止使用机动车辆狩猎，以捕获或杀死在公共草地上奔跑的任何野马、母马、小马或小毛驴；1973年的《濒危物种法案》提出保护目前草原濒临灭绝的动植物物种和那些在可预见的将来可能濒临灭绝的物种以及它们赖以生存的生态系统；1974年的《森林和牧场可再生资源规划法》授权美国林务局进行长期规划，以确保未来资源的供应，同时保持一个高质量的环境；1976年的《国家森林管理法》对1974年的《森林和牧场可再生资源规划法》进行了重组、扩展和修改，该法要求农业部长评估草地，根据多用途、持续产量原则制定管理计划。

三 美国草原保护管理的主要措施

美国的草原保护管理主要是依据相关法律，围绕草原可持续发展而采取相应的管理措施。

（一）建立公共草地持照放牧管理制度

牲畜使用许可证的类型有很多种，诸如运输牲畜许可证、研究或行政研究牲畜使用许可证、牲畜过境使用许可证、独立居民牲畜使用许可证、露营者和旅行者牲畜使用许可证、饲养牲畜使用许可证等。关于独立居民牲畜使用许可证，是指居住在邻近的人到国家森林或国家草原，并依赖这些土地来养活为家庭使用目的而饲养的牲畜，可以发放免费的牲畜使用许可证，但不用于饲养超过 1 年及不超过 10 头的牲畜。需要强调的是，只允许那些产品服务供家庭直接使用的牲畜免费放牧，用于市场的牲畜不符合资格。如果涉及以下情形，将不予以发放免费牲畜使用许可证。申请人拥有足够的牧草或牧场，以饲养作家养用途的牲畜；使用会损害管理的其他资源；使用会降低环境质量的均料。牲畜使用许可证或合作协议还可用于在特定地区通过放牧牲畜来管理植被。它们仅限于那些为了其他资源利益而维持或改变某些植被特征的地区，如燃料中断、竞争植被的移除（这会改善野生动物的栖息地）、减少木材再生中的竞争植被等。

1986 年涉及放牧费的第 12548 号行政命令规定在公共牧场饲养家畜要收取适当的放牧费。在公共牧场饲养家畜每年收取的确定费用等于将西部家畜放牧调查所确定的 1.23 美元基数乘以饲料价值指数（根据每年统计报告处提供的数据计算）加综合指数（肉牛价格指数减去支付价格指数），再除以 100。但是，这种费用的年度增减不得超过上一年费用的正负 25%，而且，费用不得低于每牲畜每月 1.35 美元。

(二) 政府出台草原保护支持扶持政策

2014 年的《农业法案》简化并合并了三个以前的项目，即湿地保护区项目、草原保护区项目和农场与牧场土地保护项目，形成一个新的项目，即农业保护地役权项目（ACEP）。草原保护计划（GRP）是由美国农业部自然资源保护局（NRCS）和农业服务局（FSA）共同管理的自愿项目，该方案的目的是帮助私有土地的所有者和经营者保护放牧用途和相关的草原价值，如依赖草原的动植物、土壤侵蚀控制和空气或水质保护。申请人必须在农场服务局有当前的作物和生产者记录。他们必须拥有或控制土地，同意在合同期内维护草原，并完成放牧管理计划或保护计划。申请人可以选择10年、15年或20年的租赁合同，或永久地役权。租赁合同持有人每年会收到一笔付款（"租金"），以及任何修复措施费用的50%，同意出售保护地役权的申请人保留放牧权，并获得地役权的补偿。

总结来说，GRP是一个联邦资助的自愿土地计划。通过该项目，美国农业部农业服务局每年向土地所有者支付租金，以维护和保护草原，同时允许生产者在这块土地上放牧、制草和生产种子。

（三）注重开展草原监测和评估

美国积极开展草原资源监测，长期以来，草原健康指标解读一直被用于评估草原健康。一个管理良好的牧场是一个生产力（植物和动物）得到优化，同时对土壤、水和空气质量没有危害的牧场。《牧场状况评分指南》提供了一个系统的方法来检查牧场的管理情况。如果牧场选址合理，管理得当，则会获得较好至优秀的牧场综合状况评分。通过对各牧场关键指标和诱导因子进行评级，可以评价牧草状况，识别出牧草状况得分低的主要原因。牧场得分低可能导致一种或多种牧地资源问题，如植物生长不良、杂草入侵、动物性能差、明显的土壤流失、径流增加和水质受损。为了使放牧条件评分最有效，每年一般在整个放牧季节的关键管理时期进行几次。

牧场条件评分在决定何时转移牲畜或计划其他管理措施时很有用。它对哪些改进最有可能改善牧场条件或提高牲畜的生产性能进行了分类。牧草状况评分是对10个指标进行评价，对牧草状况进行评分，在评价过程中使用了牧场状况记分表。计分表列出了10个指标，包括 5 个描述性条件，它客观地对任何问题的程度进行排序，并有助于找出可能的原因。对每个指标分别进行评估，它们可以合并为牧场单位的总得分，也可以作为单独的得分，并与其他 9 个指标进行比较。对于得到最低分数的指标可以有针对性地采取必要的纠正措施。

（四）突出和发挥草原的多功能性用途

美国除了注重草原的检测评估，还十分重视草原多功能性用途的开发以响应生态环保理念和适应可持续发展的要求。以面积约为 0.8 万公顷（12 万亩）的卡多—约翰逊国家草原为例，主要景观有草地、林地和湖泊，景观的多样性造就了该国家草原兼具重要牧场（有 13 户牧户持有放牧许可执照）、野生动物保护区、休闲娱乐区和学生教育与科普基地等多重地位。为了控制外来物种入侵并增加生物多样性，管理者定期会组织开展火烧、清除灌木等作业。包括草原在内，美国设立了数量众多的保护地，不仅集中保护了草原生态系统、野生动植物、草原鸟类等生态系统和物种，同时还为人们提供了充足的游憩空间。

第二节　蒙古国的草原产权政策

草原畜牧业作为蒙古国的支柱产业，其发展一直受到蒙古国政府的高度重视。草原是支撑畜牧业存续的基本资源，但草原荒漠化等问题严重阻碍了草原生态保护，蒙古国基于历史上游牧的传统，在草原生态治理方面积累了丰富的经验。共和国时期以来，政府规定公民仅拥有草原的使用权，所有权归属国家，但并没有出台关于牧户草场的界限和面积的相关政策，牧户仍然可以继承传统游牧模式，换季随时移动。

自 1992 年牲畜私有化在蒙古国实施以来，牲畜数量和从事畜牧业牧户数量逐年增长，这导致草牧场不堪重负，荒漠化问题日益严峻。有数据显示，蒙古国 76.8% 的土地出现了不同程度的荒漠化且优良草地也逐渐受到该问题的困扰。

一　蒙古国草原的法律制度体系

（一）近现代草原法律体系

1924 年《蒙古人民共和国宪法》第三条第一项规定："蒙古人民共和国的土地及地下矿藏、森林、水流以及其他自然资源一直以来属于人民的风俗习惯，符合现代国民的习惯，因此，这个财富应属于人民而且对此不允许实行私有制。"

1926 年政府部门的第 227 项规定："禁止以私有制形式多余占有草牧场，对于多年居侳的居民、职权者根据牲畜头数合理指给草牧场，使牧民在各自的草牧场稳定经营畜牧业。当遇到自然灾害时公布于群众迁徙、游牧、走敖特尔到水草丰美的地方。"该规定奠定了牲畜数量合理平等分配以及畜牧业按季节规律科学放牧的政策指导。

1935 年 9 月 25 日，政府部门的第 28 条规定通过了"关于利用草牧场、水流的临时规章制度"，该制度在原有平等原则的基础上更新了所有权制度，同时该制度也明确了如何合理利用并保护草牧场。

1940 年 6 月 3 日，国会第 8 次会议通过的《蒙古人民共和国宪法》第 5 项规定："蒙古的土地及地下矿藏资源、冶炼金属等均为国家财产,都归公民所有。"第 8 项规定:"公民和劳动者的自愿公社以草牧场、农耕地的形式无偿利用草牧场。"上述两项规定都表明了草牧场归集体所有的性质。

1960 年全国人大第 7 届选举大会第 5 次例会通过了《蒙古人民共和国土地利用法》,该法重申了蒙古国的土地及资源是国家财产,私人只有使用权,擅自流转和租赁的行为不被允许,该法明确禁止了为获取非劳动收入而利用土地的行为。

(二) 转轨时期的法律制度

1994 年《蒙古人民共和国宪法》第六条规定:"蒙古国的土地及地下矿藏、森林、水流、动物、植物以及其他自然资源只属于人民,受国家保护。除分给蒙古国公民占有的土地外,地下矿藏及其财富、森林、水资源、野生动物均为国家财产。除草场、公用和国家特需的土地外都归蒙古国公民所有。"

1996 年,蒙古国在国际合作当中的沙漠化防治领域取得突破性进展,因为在当年蒙古国政府不仅出台了《防治沙漠化公约》,还成立了国家预防荒漠化委员会,加入了《联合国防治荒漠化公约》;2005 年,蒙古国在联合国、世界银行等的帮助下,开始实施"绿色长城计划",该计划是指在蒙古国南部修建的一条贯穿东西的绿化带工程;2010 年,为倡导全国人民加入植树防治沙漠化的行动中来,政府设定"全民植树节"为每年 5 月和 10 月的第二个星期六;蒙古国政府提出到 2030 年要实现荒漠化土地面积减少 10.2% 的目标。

2012 年,蒙古国草原环境保护进入了新发展阶段,《预防荒漠化法》开始实施,这标志着沙漠化防治工作已经从规划阶段到了单行法的实施阶段;2016 年,中蒙俄三国共同签署了《建设中蒙俄经济走廊规划纲要》，加强生态环保合作也被作为一项重要内容加入其中。

二 蒙古国草原畜牧业生态保护的法治理念

蒙古国长期以来的环境保护立法都体现出政府对草牧场保护的高度重视。1992年修订的《蒙古人民共和国宪法》承认了部分土地对于蒙古国公民可以私有，但草场不可以私有，这是因为草场如果实现私有，会使土地流转变得无序且泛滥，阻碍了土地的科学合理使用，同时私有化会弱化国家对草原的统一有效管理。

为了防止草原环境问题的进一步恶化，蒙古国政府在1995年出台了《自然环境保护法》。该法明确提出公民的环境权这一基本权利，同时在第四条涉及这一基本权利的细化，包括向造成自然环境污染的责任方追究健康和财产损失的赔偿金的权利，与违反自然环境法律法规的犯罪分子进行斗争或要求造成自然环境污染的责任方负责任的权利，从相关单位得到自然环境方面的真实、可靠的信息的权利，等等。随着这部法律的进一步完善，草原环境保护奖惩机制也逐步建立起来，蒙古国对破坏草原环境方面的问题执法手段非常严苛，奖惩分明。此外，各级公民代表会议对草原环境保护的监督职责也逐步确立。

三 蒙古国草原畜牧业生态管理制度建设

（一）倒场轮牧和营地分段放牧模式

在蒙古国，放牧制度同时融合了多种放牧方式，季节游牧、倒场轮牧与营地分段放牧，这种放牧制度不仅可以充分利用资源还留出了草场修复时间，对生态恢复起到了积极作用。牧民主要采取的是季节轮牧的方式，该方式具体指牧民会把天然牧场按照季节适应性规律划分为四季营地，即冬、春、秋和夏季营地。一般来说，牧民都会按照划分好的季节营地，根据草场的季节变化，有规则的迁移并循环往复，除非遇到自然灾害无法按既定规则迁移，牧民则会在进出营地时间和迁移路线上做灵活调整。在此基础上，牧户还会把营盘牧场按照饲料储备量划分成不同地段，这样便于牧户每天按地段放牧，当营盘周围草场用尽后再转入下一营盘。

（二）控制载畜量和畜种改良

蒙古国国家统计委员会公布的数据显示，蒙古国牲畜数量激增，截至2017年年底，蒙古国牲畜头数达到6620万，人均拥有牲畜头数在世界排名也十分靠前，蒙古国对出现的该种情况给予高度关注。蒙古国的《自然环境保护法》中明确界定了草原等土地承载力的概念。该法第15条规定，对于违反生态保护要求和草原承载力的行为，国家行政机构有权限制土地自然资源的开发；第20条规定，对于超出自然环境承载力并造成负面影响的行为，行为主体应当进行生态修复并承担生态修复产生的费用。蒙古国还采取了推广优良品种的策略，走牲畜良种化道路。该策略在提高牲畜体质、提高抵抗疫病能力的同时，也提高了草原的利用效率，缓解了低效浪费现象。

（三）共同管理制度

共同管理制度在《自然环境保护法》第8章有明确阐述。共同管理制度被定义为由多个同社区的牧户形成一个团体，协同管理所居住的牧场，社区与政府部门签订共同管理合同，界定所使用的草牧场的边界，明确社区的权利和义务。该制度制约了牧户的放牧行为，形成牧户之间相互监督的局面，如果草原遭到破坏，整个社区的牧民都要按照合同规定承担相应责任，而不是由国家承担责任，为草原的环境保护提供了切实有效的法律保障。

第三节　对中国的启示

一　美国草原管理对中国的启示

一是要从立法方面逐步完善我国法律，加强草原执法监督。在生态价值方面，1969年美国的《国家环境政策法》强调了可持续发展理念、人与自然和谐共生观念，这与中国所提倡的科学发展思想相符合；从法律体系完整性方面，在美国，联邦土地范围内，有美国林务局和美国土地管理局的放牧分配法案以及国家环境政策法，加州有环境质量法，为了实现对草原濒危物种更好的保护，还出台了濒危物种法，美国实现了草原的全面依法治理。中国也应建立健全草原法相关体系，加大对侵占草原行为的惩处力度。

二是要实现草原精细化管理和多渠道开发利用草原并行。正如上文提到的，美国政府为了更全面地掌握草原生态生产的动态数据，建立了对草场持续监测的体系，包括全面普查和重点监察，正是在时间和空间双重维度数据对草原生态状况的精确把控下，美国联邦政府制定出台了一系列有效政策。同时，美国发展草原畜牧业不仅依靠天然草原，还多渠道合理开发适宜利用的各类牧草资源，尽可能发挥牧草的经济和生态效益。在中国，一方面要定期开展全国范围内的草原资源清查，另一方面要重点突出草原的生态功能，对相关问题，特别是草原生态奖补标准低、草原重点生态建设工程较少等在中央政府层面应予以足够重视。

三是要正确处理草原与农业和畜牧业的关系并理顺草原与重要生态系统（森林、湿地、荒漠等）的关系。为了使草原与农业和畜牧业和谐共生，同步发展，美国采取让牧场主参与草原管理的方式，因为牧场主比其他人更了解土地；国家草原是国家森林体系中不可分割的重要组成部分，与国家森林深度融合，美国在国家草原提供的一系列生态服务中，如减缓干旱和洪涝、促进养分循环流动、排毒和分解废物等，更加明晰了草原与其他重要生态系统的关系。在中国，也应在政策和法律层面关注这一问题，以避免草原和森林生态效益补偿在同一地区重复发放的问题。

二 蒙古国草原管理制度对中国的启示

一是将"环境权"视为公民的基本权利。蒙古国有很多关于环境保护方面的法律都强调了国家经济要发展，但公民环境权的保障要作为基本前提，不能以牺牲生态环境为代价，盲目追求经济高速发展，公民有权利生活在健康无污染的环境中。国家要多方面保障公民的环境权，除了在经济层面，法律和科技层面也不能疏忽。涉及环境权的概念、内容和具体保护措施的相关规定已在《蒙古人民共和国宪法》第26条和《自然环境保护法》第一条立法宗旨中得以体现。

二是共同管理制度。中国各地区应积极探索学习蒙古国的共同管理模式，该模式可有效缓解中国实施草牧场使用权由家庭承包政策后带来的"私地悲剧"问题，具体指草原承包到户后，各牧户所能使用的牧场上的牧草无法满足放牧需求，牧草再生一轮需要的时间无法被遵守，进而导致了牧场超强度重复利用，同时畜群结构也遭到破坏。而蒙古国的共同管理模式则采取先固定冬、春、秋牧场的方式，以家庭为单位，共同使用以苏木或者乡为单位的夏季牧场，其他季节牧场则按承包制原则使用，这种共同放牧的模式在一定程度上缓解了草原退化的问题。

三是设立专门的机构负责防治荒漠化的工作。蒙古国沙漠化防治工作由国家管理委员会及其办公室,管理委员会通过对沙漠化地区进行深入调查检测,根据反馈的具体情况制定沙漠化预防和治理规划。该部门的成立还可以避免政府不同部门间管理权限与职能的重复与冲突,使具体部门权责更清晰明确。

第四章

中国草场确权颁证政策对草地流转的影响

第一节 确权颁证对草地流转影响的理论机制

一 草场产权的影响

土地流转市场是一种区域性非常强的要素配置市场,随着经济的发展和专业化生产的深化以及相关要素市场的发展,土地在不同所有者或者经营者之间流转和交易具有越来越重要的现实意义。土地从生产力低的家庭向生产力高的家庭流动,资源实现了优化配置,生产率得到了提高,是一种帕累托改进。在这种情况下,随着农村经济在地理上整合的加速,跨村和跨社区的土地流转交易也越来越迫切,但此类市场活动常伴随着大范围的信息不对称状况。由此可见,正式土地产权制度安排中孕育的更高水平的土地流转权意味着更活跃的土地流转市场,它不仅能够提高资源的配置效率,也将激励更充分的生产性投资和劳动力使用。

Carter 和 Yao 的实证证据对上述理论假设提供了强有力的支撑,研究结果显示更高水平的土地流转权显著地促进了投资,有机肥施用强度明显增加,而且劳动力在农业和非农业间的配置效率提高,流转水平更高的家庭通常更倾向于将劳动力由农业向非农领域配置，这些行为都将导致要素配置效率提高。①

不同代理人土地的影子价格取决于农业生产函数、家庭固有的管理能力以及农村地区常见的劳动力、信贷和土地市场的完善。如果信贷和土地租赁市场完善，与雇用劳动力使用相关的监督成本将提高农场的生产率，并且将让家庭租赁或出租所需的土地，保持家庭劳动力捐赠与经营面积的统一比例，不考虑土地所有权分配。② 然而，其他市场的不完善可能会改变这一点，也就是土地租赁和销售市场的运行。例如，在信贷市场不完善的情况下，如果运营资本的供应取决于所拥有的土地数量，那么即使土地租赁市场是完善的，运营控股的最佳规模也会随着所拥有控股的规模而系统地变化。虽然这一效应的大小（方向）取决于产出对有效劳动的弹性和劳动努力对监管的弹性，但它可以击败家庭农民的生产优势，并产生自由农场规模和生产力之间的积极关系。除此之外，资本和保险市场的不完善也可能影响贫困生产者的生产活动，可能导致他们从事风险较低且生产率也较低的活动。

二 规模经济

规模经济的存在或缺失将系统地影响不同规模农场类别的土地影子价格。不可分割的生产要素或成本要素的存在可能产生规模经济，从而导致农场规模的初始范围，其中平均生产成本随着农场规模扩大

---

① Carter M., Yao Y., "Property Rights, Rental Markets, and Land in China", Department of Agricultural and Applied Economics Working Paper, University of Wisconsin – Madison, 1998.

② Feder G., "The Relation Between Farm Size and Farm Productivity: The Role of Family Labor, Supervision and Credit Constraints", *Journal of Development Economics*, 1985, 18 (2 – 3): 297 – 313.

而下降。在其他市场运转良好的情况下,最佳农场规模往往不会超过家庭劳动力充分利用的规模(利用季节性雇用劳动力来完成特定任务)。很少的农业活动在生产过程中存在显著的规模经济。一些规模经济与许多农产的加工和销售有关,但只要存在有竞争性的产出和投入市场,就对农业经营的单位成本没有重要的影响。或者,有时通过合作社安排进入这些市场。只有少数的"种植作物",如甘蔗、香蕉或茶叶,需要立即进行大规模加工或销售,才能将规模经济从加工阶段转移到生产阶段。为了获得与前者相关的规模经济,这些作物的生产通常按照与加工厂的最佳规模相对应的规模组织。

三 内部管理成本

规模收益率不变意味着农业经营规模对生产率的影响很小。然而,对雇用劳工进行监督的需要使得业主经营的农场单位具有生产率优势。其根本原因是存在代理成本,这是由于需要管理雇用劳动和在大规模运营中强制工作而产生的。由于缺乏激励雇用工人努力工作的办法,因此需要监督劳动或提供激励合同,这在产业组织文献中引起了相当大的注意[1],并被认为对生产组织和公司最佳规模具有积极意义。[2] 在农业生产中,由于生产过程的空间分散性以及需要不断调整以适应自然环境的微小变化,因此生产成本特别高。家庭成员是利润的剩余索取者,因此比雇用劳动力有更高的劳动积极性。他们承担农场的风险,并且可以在不产生雇用或搜索成本的情况下被雇用。这些属性构成了

---

[1] Jensen M. C., Meckling W. H., "Theory of the Firm: Managerial Behavior, Aagency Costs and Ownership Structure", *Journal of Financial Economics*, 1976, 3 (4): 305–360.

[2] Calvo G. A., Wellisz S., "Supervision, Loss of Control, and the Optimum Size of the Firm", *Journal of Political Economy*, 1978, 86 (5): 943–952; Eswaran M., Kotwal A., "A Theory of Two-Tier Labor Markets in Agrarian Economies", *The American Economic Review*, 1985, 75 (1): 162–177.

家庭农业相对于大规模工资经营的普遍优势，从经验上看，农场规模和生产率呈反比关系。因此，除非存在其他反补贴力量，否则人们会期望土地市场将土地从大型生产者转移到小型生产者。

四 信贷市场准入

我们观察到很少有土地市场会从大生产者转移到小生产者，原因是小农户很难获得信贷和保险。这有两层含义，一方面，信贷市场的不完善增加了小生产者信贷的影子价格，这将降低小农户在土地销售市场的竞争力，可能超过他们所享有的内部管理成本的优势。另一方面，如果有非农业收入的个人不是出于生产原因而估价土地，土地价格将会超过农业利润的净现值，因此很难在出售市场上购买土地，并期望仅靠农业利润来偿还债务，而不求助于股权。

信息不对称和道德风险通常将导致信贷市场的定量配给。[1] 正规的信贷市场可以利用担保要求来克服信息不对称的问题。然而，小农户丧失抵押品赎回权的成本和政治障碍往往相当大。这是在非正规信贷市场上，向小型生产商提供信贷交易成本普遍偏高的原因之一。密切的熟悉度和社会控制被用于选择有前途的客户和项目。这是相当昂贵的，因为有效监督的范围是有限的。此外，非正式贷款机构分散协变量风险的范围有限，而且他们通常不会提供太多长期信贷，因此，非正规贷款的利率很高。因此，有限的信贷供应和高昂的借贷成本将阻止那些没有积累储蓄的人获得土地。

信贷市场的不完善可以抵消小农的内部管理成本优势。以苏丹为例，贫穷（小）农民几乎所有作物的产量较低，而富裕（大）农民的

---

[1] Stiglitz J. E., Weiss A., "Credit Rationing in Markets with Imperfect Information", *The American Economic Review*, 1981, 71（3）：393-410.

产量较高，因此，农场规模和生产力关系发生了颠倒。此外，土地租赁市场导致土地从穷人和劳动力充裕的小农转移到富人和劳动力相对稀缺的家庭。① 原因是资本市场的不完善，再结合运作合理的土地和劳动力市场，以及一种非监管密集型的技术，使得对受信贷约束的小家庭来说，租出土地并工作挣钱比在没有资本投入的情况下从事业主耕作更具吸引力。相比之下，在布基纳法索的面板数据下，观察到农场规模和生产率的反比关系，尽管产量和非农就业的现金流入之间是正相关的，仍表明了存在资本市场缺陷。② 结论是，土地、劳动力、信贷和保险市场的缺陷必须一起分析。不同时解决信贷市场缺陷的土地再分配的努力可能是代价高且无效的。

五 投资组合构成

小生产者无法进入正规的信贷和保险市场，这常常迫使他们采用昂贵的保险替代品，其中之一是调整作物和资产组合，使之成为低回报、低风险的组合。为了确保在危机时期满足最低生存要求，信贷约束的生产者可以持有比不受信贷约束的生产者风险更低但生产率也较低的资产组合。特别是，小农对土地的需求可能比他们潜在的生产优势所证实的需求更低。Zimmerman 和 Carter 使用布基纳法索的参数表明，从土地平均分配开始，生产风险加上土地价格的协方差导致土地的连续集中，通过从生产率较高的小生产者向生产率较低的大农户销售。③ 这表明如果不解决其他市场的扭曲问题，改善土地出售市场的

---

① Kevane M., "Agrarian Structure and Agricultural Practice: Typology and Application to Western Sudan", *American Journal of Agricultural Economics*, 1996, 78 (1): 236 – 245.

② Udry C., "Gender, Agricultural Production, and the Theory of the Household", *Journal of Political Economy*, 1996, 104 (5): 1010 – 1046.

③ Zimmerman F., Carter M. R., "Rethinking the Demand for Institutional Innovation Land Rights and Land Markets in the West African Sahel", *Staff Papers*, 1996.

运作并不一定会带来更好的资源配置。

六 交易成本

另一个可能阻止土地市场实现最佳配置的因素是与土地销售相关的交易成本。人们经常观察到特别是在土地所有权二元分配的国家，土地销售市场高度分割，这意味着，尽管农产规模集团内的土地交易频繁，几乎不存在跨越农场规模等级界限的土地销售。① 一种解释是，将大型农场细分为许多小农户的交易成本是很高的。同样，与土地交易有关的某些成本（如正式登记）与购买的规模无关，这一事实造成了不可分割性，这将阻碍小型土地交易，或使它们成为不产生此类成本的非正式交易。

虽然在文献中对于土地租赁相关成本的讨论不是很广泛，但政府法规似乎已经将土地租赁的数量减少到低于其他情况下将发生的数量。即使在那些避免对租赁实施明确限制的国家（如下所述，这与重大效率的损失有关），征收性土地改革的威胁意味着将土地出租给生产率更高的小生产者，使得地主在土地改革过程中面临失去所有权的巨大风险。为了防止这种情况发生，许多农牧业生产都转向采用机械化、畜牧业或雇用劳动力耕作。② 对土地租金的影响，尽管在任何情况下都没有被严格量化，但似乎是相当大的。

---

① Cruz Balcazar R., Volke Haller V., Turrent Fernandez A., "Peasant Land Classification for the Generation and Transference of Agricultural Technology among small Producersz: Maize in the Central Region of Veracruz", TERRA (Mexico), 1988; Carter M. R., Zegarra E., "Reshaping Class Competitiveness and the Trajectory of Agrarian Growth with Well-Sequenced Policy Reform", Agricultural Economics Staff Paper Series, 1995, 379.

② De Janvry A., Sadoulet E., "Investment Strategies to Combat Rural Poverty: A Proposal for Latin America", *World Development*, 1989, 17 (8): 1203–1221.

第二节 理论模型构建

草地流转特指牧区草地承包者双方遵照平等、自愿的原则，将原先从集体组织所获得草地权转让的行为，不包括因国家或地方政府建设所需以及政府为了某种公共利益而强行征用草地的行为。[①] 在流转形式上，可以分为转包、出租、互换、转让及入股等形式。在产权安排上，具有明显的"所有权、承包权、经营权"三权分置特点。在缺乏严格的产权保护机制和模糊的产权界定情境下，牧户缺乏对土地的长期投资意愿[②]，同时也会显著提高农地流转的交易成本和不确定性，限制草地租赁市场自身发展和对农地资源的配置功能。[③]

理论上，如果一个经济中要素市场是完全的，那么牧户的草地禀赋对其经营效率和群体内收入差距是没有影响的。[④] 但是，不完全的要素市场在发展中国家更为常见。[⑤] 劳动力市场上广泛存在的委托—代理成本和监督成本导致农户更多地使用家庭劳动力而非雇用

[①] 李孔岳：《农地专用性资产与交易的不确定性对农地流转交易费用的影响》，《管理世界》2009 年第 3 期。

[②] Besley T., "Property Rights and Investment Incentives: Theory and Evidence from Ghana", *Journal of Political Economy*, 1995, 103 (5): 903-937; Brandt L., Huang J., Li. G., et al., "Land Rights in Rural China: Facts, Fictions and Issues", *The China Journal*, 2002 (47): 67-97.

[③] 金松青、[德] Klaus Deininger：《中国农村土地租赁市场的发展及其在土地使用公平性和效率性上的含义》，《经济学》（季刊）2004 年第 3 期。

[④] Feder G., "The Relation Between Farm Size and Farm Productivity: The Role of Family Labor, Supervision and Credit Constraints", *Journal of Development Economics*, 1985, 18 (2-3): 297-313; Bardhan P., Udry C., *Development Microeconomics*, OUP, 1999.

[⑤] De Janvry A., Fafchamps M., Sadoulet E., "Peasant Household Behaviour with Missing Markets: Some Paradoxes Explained", *The Economic Journal*, 1991, 101 (409): 1400-1417.

劳动力。① 在劳动力和其他要素市场失灵的条件下，草地租赁市场使农户可以在劳动和其他生产性资产约束下，充分利用其生产能力和家庭剩余劳动力，因而，农地租赁市场有助于提高参与农户的效率和收入平等性。②

进一步地，如果考虑草地流转市场的交易成本和信贷市场的不完全性，上述结论并不一定会成立。在信贷市场存在明显金融压抑的情形下，牧户的草地可获得性主要由其健康状况和初始草地禀赋决定。③在特定条件下，草地也可能由农地资源匮乏的牧户流向草地资源充裕的牧户。换言之，某些经济中存在的农地流转市场排斥，将加速土地资源的集中和兼并，例如针对非洲地区的卢旺达、布基纳法索和南亚地区的印度相关研究，就证实了这一观点。④ 来自埃塞俄比亚、卢旺达、马拉维的实证研究表明，农地租赁市场有助于均等化农户的土地、劳动比率和群体间的收入水平，即所谓的拉平效应。⑤

---

① Eswaran M., Kotwal A., "A Theory of Two – Tier Labor Markets in Agrarian Economies", *The American Economic Review*, 1985, 75 (1): 162 – 177; Binswanger H. P., Rosenzweig M. R., "Behavioural and Material Determinants of Production Relations in Agriculture", *The Journal of Development Studies*, 1986, 22 (3): 503 – 539.

② Jin S., Jayne T. S., "Land Rental Markets in Kenya: Implications for Efficiency, Equity, Household Income, and Poverty", *Land Economics*, 2013, 89 (2): 246 – 271.

③ Deininger K., Jin S., "Land Sales and Rental Markets in Transition: Evidence from Rural Vietnam", *Oxford Bulletin of Economics and Statistics*, 2008, 70 (1): 67 – 101.

④ André C., Platteau J. P., "Land Relations under Unbearable Stress: Rwanda Caught in the Malthusian Trap", *Journal of Economic Behavior & Organization*, 1998, 34 (1): 1 – 47; Zimmerman F. J., Carter M. R., "A Dynamic Option Value for Institutional Change: Marketable Property Rights in the Sahel", *American Journal of Agricultural Economics*, 1999, 81 (2): 467 – 478; Kranton R. E., Swamy A. V., "The Hazards of Piecemeal Reform: British Civil Courts and the Credit Market in Colonial Lndia", *Journal of Development Economics*, 1999, 58 (1): 1 – 24.

⑤ Pender J., Fafchamps M., "Land Lease Markets and Agricultural Rfficiency in Ethiopia", *Journal of African Economies*, 2006, 15 (2): 251 – 284; Holden S., Kaarhus R., Lunduka R., "Land Policy Reform: The Role of Land Markets and Women's Land Rights in Malawi", AAS Norway Norwegion Uniuersity of Life Sciences Deparoneat of International Environment & Deuelopmeat Studies Noragric, 2006.

土地流转市场的交易成本也引发了广泛的关注。[①] 土地流转市场的交易成本源于农地流转双方的信息不对称和机会主义行为，主要包括谈判成本、搜寻土地流转对象的成本和合约的执行成本。[②] 在土地产权不明确、产权保护机制不健全的经济中，交易成本尤其居高不下，[③] 农地流转受到了限制。针对发展中国家的实证研究表明，土地流转市场的交易成本会阻碍农户的参与，[④] 因而也无法实现最优的经营规模。[⑤]

因为中国特殊的草地产权制度安排和处于改革加速期的历史背景，农地流转涉及的利益主体更多，交易成本更高。学术界对中国农地流转市场的经济影响研究，无论是理论研究还是实证研究均落后于现实的发展，本章在现有研究基础上，深入对该复杂问题的进一步探索。

为了研究的简单起见，假定一个嘎查或村庄内有牧业和非牧业两种生产方式，产出只取决于草地和劳动力数量，生产过程由式（4-1）的生产函数来描述。

$$f_i(\varphi_i, A_i, l_i) = \varphi_i A_i^\beta l_i^\alpha \tag{4-1}$$

其中，$f_i(\varphi_i, A_i, l_i)$ 表示牧户 i 的产出，A_i 和 l_i 分别代表草地

[①] Alston L. J., Datta S. K., Nugent J. B., "Tenancy Choice in a Competitive Framework with Transactions Costs", *Journal of Political Economy*, 1984, 92 (6): 1121-1133; Otsuka K., Hayami Y., "Theories of Share Tenancy: A Critical Survey", *Economic Development and Cultural Change*, 1988, 37 (1): 31-68.

[②] Carter M. R., Yao Y., "Local Versus Global Separability in Agricultural Household Models: The Factor Price Equalization Effect of Land Transfer Rights", *American Journal of Agricultural Economics*, 2002, 84 (3): 702-715.

[③] Macours K., De Janvry A., Sadoulet E., "Insecurity of Property Rights and Social Matching in the Tenancy Market", *European Economic Review*, 2010, 54 (7): 880-899.

[④] Deininger K., Jin S., Berhanu A., et al., "Mechanisms for Land Transfer in Ethiopia: Implications for Efficiency, Equity and Non-farm Development", *Ethiopian Journal of Economics*, 2005, 10 (683-2016-46840): 21-54.

[⑤] Skoufias E., "Household Resources, Transaction Costs, and Adjustment Through Land Tenancy", *Land Economics*, 1995: 42-56; Teklu T., Lemi A., "Factors Affecting Entry and Intensity in Informal Rental Land Markets in Southern Ethiopian Highlands", *Agricultural Economics*, 2004, 30 (2): 117-128.

和劳动投入。$\beta<1$ 表示草地的产出弹性，$\alpha<1$ 表示劳动的产出弹性，我们进一步假定 $\alpha+\beta<1$。$\varphi_i \in [\underline{\varphi}, \overline{\varphi}]$ 表示牧户 i 的全要素生产率（TFP）。此外，草地流转市场是一个区域性的市场，牧户家庭可以以 r 的价格出租草地。畜牧产品价格记为 p_a，正交化为 1。基于上述假设，牧户家庭总收入可以表示为式（4-2）。

$$Y_i = \varphi_i A_i^\beta l_i^\alpha - w(l_i - l_r) + (\underline{A_i} - A_i)r \qquad (4-2)$$

其中，$\underline{A_i}$ 表示牧户 i 的土地禀赋，w 是劳动力市场工资，l_i 是总劳动力投入，l_r 是家庭劳动力投入。如果 $l_i - l_r > 0$ 表示家庭雇入劳动力，相反则表示家庭劳动力参与非牧业产业生产。嘎查村全部的草地记为 A，平均分配给各牧户。假定草地租赁市场是一种局域性市场，牧户以 r 的价格在嘎查或村里出租草地，默认草地租赁市场发育是完全的，不存在交易成本，那么一个简单的最优化问题就是牧户如何选择 A_i 使式（4-3）中的目标函数最优。

$$\text{Max}\pi = \varphi_i A_i^\beta l_i^\alpha - w(l_i - l_r) + (\underline{A_i} - A_i)r \qquad (4-3)$$

其中，$\underline{A_i} - A_i > 0$ 表示牧户出租草场，$\underline{A_i} - A_i < 0$ 表示牧户租入草场；求解式（4-3）的一阶最优条件可得式（4-4）、式（4-5）。

$$\frac{\partial \pi}{\partial A_i} = \varphi_i \beta A_i^{\beta-1} l_i^\alpha - r = 0 \qquad (4-4)$$

$$\frac{\partial \pi}{\partial l_i} = \varphi_i A_i^\beta \alpha l_i^{\alpha-1} - w = 0 \qquad (4-5)$$

对式（4-4）和式（4-5）进行简单的移项整理可得式（4-6）、式（4-7）。

$$\varphi_i \beta A_i^{\beta-1} l_i^\alpha = r \qquad (4-6)$$

$$\varphi_i A_i^\beta \alpha l_i^{\alpha-1} = w \qquad (4-7)$$

式（4-6）和式（4-7）的经济学意义是牧户 i 对土地和劳动资源进行再配置，直到其边际产出等于其市场价值。为了进一步分析草场确权对牧户行为的影响,我们进一步放松假设条件,即就现实而言可能存在的土地市场交易的种种不利条件,这里我们用可变交易成本 T_i 来表征土地市场发育不完全的状态,那么对于未参与草地流转市场的牧户而言,其最优条件可以表示为式(4-8)、式(4-9)。

$$\varphi_i A_i^\beta \alpha l_i^{\alpha-1} = w \qquad (4-8)$$

$$r - T_i < \varphi_i \beta A_i^{\beta-1} l_i^\alpha < r + T_i \qquad (4-9)$$

式(4-9)阐明了牧户 i 的全要素生产率的两个临界条件:$\frac{r-T_i}{\beta A_i^{\beta-1} l_i^\alpha}$ 和 $\frac{r+T_i}{\beta A_i^{\beta-1} l_i^\alpha}$。如果牧户的全要素生产率是 $\varphi_i < \frac{r-T_i}{\beta A_i^{\beta-1} l_i^\alpha}$,那么牧户将租出草场,直到 $r - T_i = \varphi_i \beta A_i^{\beta-1} l_i^\alpha$;类似地,如果牧户的全要素生产率是 $\varphi_i > \frac{r+T_i}{\beta A_i^{\beta-1} l_i^\alpha}$,牧户将租入草场直到 $r + T_i = \varphi_i \beta A_i^{\beta-1} l_i^\alpha$。草场确权的政策举措有助于消除草地流转市场的约束性条件,这意味着牧户参与草场流转活动的交易成本更低,因而草场流转市场将变得更加活跃且有效,由此可以提出以下的待检验命题。

草场确权颁证通过降低交易成本 T_i 的水平,导致的 $\frac{r-T_i}{\beta A_i^{\beta-1} l_i^\alpha}$ 取值上升以及 $\frac{r+T_i}{\beta A_i^{\beta-1} l_i^\alpha}$ 的取值下降,这一区间的缩小意味着不参与草场流转的牧户越来越少,进而提高了草场流转效率。

第三节 实证分析

一 确权对草地流转的影响

(一)确权政策对流转地块的影响分析

1. 研究设计与模型构建

为对该问题进行实证研究,本书通过参考相关研究后构建实证模型式（4－10）。

$$plotchange\_plus_i = \alpha_0 + \alpha_1 policy_k + \alpha_2 \ln income_i + \\ \alpha_3 degredation_i + \sum_k \alpha_4 X_i + \epsilon_i \qquad (4-10)$$

其中，$plotchange\_plus_i$ 为描述家庭 i 在 2018 年全年发生流转后地块数是否增加的虚拟变量，$policy_k$ 为家庭 i 所在 k 村 2018 年相应的土地确权政策实施情况，$income_i$ 为家庭 i 在 2018 年的总收入，$degredation_i$ 为家庭 i 在 2018 年自身对所处草原退化情况判断的虚拟变量，X_i 为家庭人口特征控制变量。

$$plotchange\_plus_i = \alpha_0 + \alpha_1 policytime_k + \alpha_2 \ln income_i + \\ \alpha_3 degredation_i + \sum_k \alpha_4 X_i + \epsilon_i \qquad (4-11)$$

其中，$policytime_k$ 为家庭 i 所在 k 村 2018 年相应的土地确权政策实行时长。

2. 变量特征的描述性统计

在过滤掉无效问卷回答的情况下，有 232 个草原家庭样本进入该研究阶段，具体描述性统计见表 4－1。可以发现，样本中有 11.2% 的草原家庭在 2018 年增加流转的地块数，当年草原家庭总收入均值为 118889 元，与现实情况基本一致。在所研究的草原家庭中，将所在村实行具体政策的家庭设置虚拟变量的值为 1，反之为 0，可以在表 4－1 中观察到，家庭所在村实行分畜到户政策的草原家庭占比为 56.9%，所在村实行草地所有权分到村集体政策的草原家庭占比为 51.3%，所在村实行草地承包到联户政策的草原家庭占比为 24.1%，所在村实行草地承包到户政策的草原家庭占比为 75%，各项政策实施的样本在总样本中占比具有一定规模，可以产生统计学上的比较效果。对于各项政策的实行时长，本节计量单位为年，当该值为 0 时说明并未实行该政策，家庭所在村实行分畜到户政策时长的均值为9.72年,所在村实行草地所有权分到村集体政策的时长均值为13.37年,所在村实行草地承包到联户政策的时长均值为3.841年,所在村实行草地承包到户政策的时长均值为17.21年,可以发现各项政策的实行时长是有差异的。我们对于草场退化变量的选取,采用草原家庭在问卷中自身对所在草场的情况判断,如果认为草场在近年发生退化,则对该虚拟变量赋值为1,相反则赋值为0,在描述性统计中可以发现57.3%的草原家庭认为所在草场存在草场退化情况。家庭规模表示样本草原的家庭规模,从描述性统计中可知样本中草原家庭最大规模为10名成员,最少的家庭为1人,平均数为3.642,与一般城市家庭规模相比差异不大。户主性别为样本家庭户主性别,如果户主为男性就对该虚拟变量赋值为1,如果为女性则赋值为0,描述性统计中显示该虚拟变量的平均值为0.853,说明更多的家庭是男性成员为户主。户主是否为党员表示样本家庭户主是否是中共党员,如果是党员则对该虚拟变量赋值为1,如果不是则赋值为0,平均值为0.185,说明样本中平均每5户家庭中就有1户家庭的户主为中共党员。

表4-1　　确权对流转地块数量是否增加影响的描述性统计

变量	均值	标准差	最小值	最大值
流转地块数是否增加	0.112	0.316	0	1
分畜到户(%)	0.569	0.496	0	1
草地所有权分到村(嘎查)集体(%)	0.513	0.501	0	1
草地承包到联户(%)	0.241	0.429	0	1
草地承包到户(%)	0.750	0.434	0	1

续　表

变量	均值	标准差	最小值	最大值
分畜到户实行时长(年)	9.720	12.95	0	39
草地所有权分到村(嘎查)集体实行时长(年)	13.37	16.86	0	62
草地承包到联户实行时长(年)	3.841	9.205	0	39
草地承包到户实行时长(年)	17.21	13.62	0	42
草原退化(%)	0.573	0.496	0	1
家庭收入(元)	118889	103873	8000	725600
家庭规模	3.642	1.357	1	10
户主性别	0.853	0.354	0	1
户主是否为党员	0.185	0.389	0	1

注：观测值为232。

3. 实证研究

通过构建模型进行实证研究，发现各项政策对草原家庭是否会增加流转的地块数量分别产生了统计学上显著的影响，并且各多元回归方程具有较好的拟合优度，见表4-2。下面对各项政策的影响进行逐个分析。

在研究草地所有权分到村集体的政策实施与否对草原家庭是否会增加流转的地块数量的影响研究中，可以观察到家庭所在村庄如果实施这项政策，会对草原家庭是否会增加流转的地块数量产生正向影响，系数为0.08，且结果在10%的标准下通过显著性检验。

在研究草地承包到联户的政策实施与否对草原家庭是否会增加流

转的地块数量的影响研究中,可以观察到家庭所在村庄如果实施这项政策,会对草原家庭是否会增加流转的地块数量产生正向影响,系数达到0.27,且结果在1%的标准下通过显著性检验。

在研究草地承包到户的政策实施与否对草原家庭是否会增加流转的地块数量的影响研究中,可以观察到家庭所在村庄如果实施这项政策,会对草原家庭是否会增加流转的地块数量产生正向影响,系数达到0.13,且结果在5%的标准下通过显著性检验。

可以看出这四项关于土地确权的政策都对草原家庭是否会增加流转的地块数量的行为产生了显著的正向影响,并且都在经济学与统计学上具有意义。需要注意的是草地承包到联户和草地承包到户的政策相比于分畜到户和草地所有权分到村集体的政策,对草原家庭是否会增加流转的地块数量的行为产生了更大的影响系数,这种差异在统计学上是显著的,所以可以看出草地承包到联户和草地承包到户的政策对草原家庭是否会增加流转的地块数量的行为产生的影响更强烈。

表4-2　　　　　确权政策对流转地块数量是否增加的影响

变量	流转地块数是否增加			
	(1)	(2)	(3)	(4)
分畜到户	0.08* (1.89)	—	—	—
草地所有权分到村(嘎查)集体	—	0.08* (1.87)	—	—
草地承包到联户	—	—	0.27*** (5.57)	—
草地承包到户	—	—	—	0.13** (1.98)

续　表

变量	(1)	(2)	(3)	(4)
ln_家庭收入	0.01 (0.44)	0.00 (0.10)	0.00 (0.15)	-0.01 (-0.46)
草原退化	0.03 (0.63)	0.03 (0.66)	-0.00 (-0.05)	0.00 (0.09)
家庭规模	-0.02 (-1.18)	-0.01 (-0.92)	-0.01 (-0.68)	-0.01 (-0.59)
户主是否为党员	-0.02 (-0.28)	-0.01 (-0.14)	0.02 (0.29)	-0.01 (-0.10)
户主性别	0.03 (0.46)	0.03 (0.46)	0.11* (1.81)	0.01 (0.11)
Constant	-0.03 (-0.11)	0.05 (0.19)	-0.05 (-0.18)	0.20 (0.64)
Observations	232	232	232	232
R^2	0.032	0.032	0.136	0.034
F	1.255	1.244	5.902	1.313

注：***、**、*分别表示在1%、5%和10%水平下显著，括号中为计算出的t值。

表4-3中对表4-2中的实证研究使用稳健标准误进行回归，结果显示，四项政策对草原家庭是否会增加流转的地块数量的行为依然产生显著为正的影响，说明该结果具有一定的可靠性。并且发现在稳健标准误下草地承包到联户和草地承包到户的政策对草原家庭是否会增加流转的地块数量的行为依然产生了强烈的影响。

表4-3 稳健标准误下确权政策对流转地块数量是否增加的影响

变量	地块数是否增加			
	(1)	(2)	(3)	(4)
分畜到户	0.08* (1.88)	—	—	—
草地所有权分到村(嘎查)集体	—	0.08* (1.79)	—	—
草地承包到联户	—	—	0.27*** (3.77)	—
草地承包到户	—	—	—	0.13** (2.38)
ln_家庭收入	0.01 (0.53)	0.00 (0.11)	0.00 (0.18)	-0.01 (-0.50)
草原退化	0.03 (0.60)	0.03 (0.62)	-0.00 (-0.05)	0.00 (0.08)
家庭规模	-0.02 (-1.26)	-0.01 (-0.99)	-0.01 (-0.76)	-0.01 (-0.63)
户主是否为党员	-0.02 (-0.27)	-0.01 (-0.14)	0.02 (0.28)	-0.01 (-0.09)
户主性别	0.03 (0.57)	0.03 (0.58)	0.11* (1.79)	0.01 (0.15)
Constant	-0.03 (-0.14)	0.05 (0.23)	-0.05 (-0.21)	0.20 (0.71)
Observations	232	232	232	232
R-squared	0.032	0.032	0.136	0.034
F	2.012	2.008	3.556	3.138

注：***、**、*分别表示在1%、5%和10%水平下显著，括号中为稳健标准误下计算出的 t 值。

表4-4中将四项政策的实行时长作为因变量进行研究，可以发现分畜到户和草地所有权分到村（嘎查）集体政策的实行时长对草原家庭是否会增加流转地块数量的行为产生统计学上显著的影响，另外两项政策的实行时长没有产生显著的影响。其中，分畜到户政策实行时长的影响系数为0.008，说明分畜到户政策实行时间越长，对草原家庭是否会增加流转地块数量的行为产生了显著为正的影响。草地所有权分到村（嘎查）集体政策实行时长的影响系数为-0.003，说明草地所有权分到村（嘎查）集体政策实行时间越长，对草原家庭是否会增加流转地块数量的行为产生了显著为负的影响。

表4-4　　确权政策实行时长对流转地块数量是否增加的影响

变量	地块数是否增加			
	(1)	(2)	(3)	(4)
分畜到户实行时长	0.008*** (3.80)	—	—	—
草地所有权分到村(嘎查)集体实行时长	—	-0.003*** (-3.74)	—	—
草地承包到联户实行时长	—	—	0.003 (1.31)	—
草地承包到户实行时长	—	—	—	-0.003 (-1.64)
ln_家庭收入	-0.006 (-0.26)	0.030 (1.22)	0.012 (0.56)	0.033 (1.18)
草原退化	0.048 (1.21)	0.047 (1.10)	0.035 (0.77)	0.057 (1.27)
家庭规模	-0.017 (-1.18)	-0.018 (-1.22)	-0.017 (-1.12)	-0.020 (-1.32)

续 表

变量	地块数是否增加			
	(1)	(2)	(3)	(4)
户主是否为党员	-0.024 (-0.42)	-0.016 (-0.28)	-0.006 (-0.11)	-0.012 (-0.21)
户主性别	-0.009 (-0.18)	0.066 (1.33)	0.050 (0.96)	0.067 (1.21)
Constant	0.142 (0.61)	-0.196 (-0.76)	-0.039 (-0.16)	-0.225 (-0.77)
Observations	232	232	232	232
R-squared	0.124	0.048	0.024	0.030
F	3.641	3.040	1.772	1.255

注：***、**、*分别表示在1%、5%和10%水平下显著，括号中为计算出的 t 值。

(二) 确权对草场流转规模的影响分析

1. 研究设计与模型构建

为对该问题进行实证研究，本书通过参考相关研究后构建实证模型见式 (4-12)、式 (4-13)。

$$areachange_i = \alpha_0 + \alpha_1 policy_k + \alpha_2 \ln income_i + \alpha_3 degradation_i + \sum_i \alpha_4 X_i + \epsilon_i \quad (4-12)$$

其中，$areachange_i$ 为描述家庭 i 在2018年全年发生流转后地块面积变化情况的变量，$policy_k$ 为家庭 i 所在 k 村2018年相应的土地确权政策实施情况，$income_i$ 为家庭 i 在2018年的总收入，$degradation_i$ 为家庭 i 在2018年自身对所处草原退化情况判断的虚拟变量，X_i 为家庭人口特征控制变量。

$$areachange_i = \alpha_0 + \alpha_1 policytime_k + \alpha_2 \ln income_i +$$
$$\alpha_3 degradation_i + \sum_k \alpha_4 X_i + \epsilon_i \qquad (4-13)$$

其中，$policytime_k$ 为家庭 i 所在 k 村 2018 年相应的土地确权政策实行时长。

2. 变量特征的描述性统计

在过滤掉无效问卷回答的情况下，有 232 个草原家庭样本进入该研究阶段，根据表 4-5 中描述性统计可以发现，样本中草原家庭在 2018 年增加流转地块面积最大值为 600 亩，流转地块的最小值为 -11200 亩，当年草原家庭总收入均值为 118889 元，与现实情况基本一致。在所研究的草原家庭中，将所在村实行具体政策的家庭设置虚拟变量的值为 1，反之为 0，可以在表 4-5 中观察到，家庭所在村实行分畜到户政策的草原家庭占比为 56.9%，所在村实行草地所有权分到村集体政策的草原家庭占比为 51.3%，所在村实行草地承包到联户政策的草原家庭占比为 24.1%，所在村实行草地承包到户政策的草原家庭占比为 75%，各项政策实施的样本在总样本中占比具有一定规模，可以产生统计学上的比较效果。对于各项政策的实行时长，本节计量单位为年，当该值为 0 时说明并未实行该政策，家庭所在村实行分畜到户政策时长的均值为 9.72 年，所在村实行草地所有权分到村集体政策的时长均值为 13.37 年，所在村实行草地承包到联户政策的时长均值为 3.841 年，所在村实行草地承包到户政策的时长均值为 17.21 年，可以发现各项政策的实行时长是有差异的。

我们对于草场退化变量的选取，采用草原家庭在问卷中自身对所在草场的情况判断，如果认为草场在近年发生退化，则对该虚拟变量赋值为1，相反则赋值为0，在描述性统计中可以发现57.3%的草原家庭认为所在草场存在草场退化情况。家庭规模表示样本草原的家庭规模，从描述性统计中可知样本中草原家庭最大规模为10名成员，最少的家庭为1人，平均数为3.642，与一般城市家庭规模相比差异不大。户主性别为样本家庭户主性别，如果户主为男性就对该虚拟变量赋值为1，如果为女性则赋值为0，描述性统计中显示该虚拟变量的平均值为0.853，说明更多的家庭是男性成员为户主。户主是否为党员表示样本家庭户主是否是中共党员，如果是党员则对该虚拟变量赋值为1，如果不是则赋值为0，平均值为0.185，说明样本中家庭接近平均每5户家庭中就有1户家庭的户主为中共党员。

表4-5　　确权对流转地块面积变化影响的描述性统计

变量	均值	标准差	最小值	最大值
流转地块面积变化	-84.58	780.4	-11200	600
分畜到户(%)	0.569	0.496	0	1
草地所有权分到村(嘎查)集体(%)	0.513	0.501	0	1
草地承包到联户(%)	0.241	0.429	0	1
草地承包到户(%)	0.750	0.434	0	1
分畜到户实行时长(年)	9.720	12.95	0	39
草地所有权分到村(嘎查)集体实行时长(年)	13.37	16.86	0	62
草地承包到联户实行时长(年)	3.841	9.205	0	39

续 表

变量	均值	标准差	最小值	最大值
草地承包到户实行时长(年)	17.21	13.62	0	42
草原退化(%)	0.573	0.496	0	1
家庭收入(元)	118889	103873	8000	725600
家庭规模	3.642	1.357	1	10
户主性别	0.853	0.354	0	1
户主是否为党员	0.185	0.389	0	1

注：观测值为232。

3. 实证研究

通过构建模型进行各项政策对草原家庭的流转地块面积变化的影响研究，见表4-6。下面对各项政策的影响进行总体分析。在研究草地所有权分到村（嘎查）集体的政策实施与否对草原家庭的流转地块面积变化的影响研究中，可以观察到家庭所在村庄如果实施这项政策，会对草原家庭的流转地块面积变化产生正向影响，影响系数达到203.31，且结果在10%的标准下通过显著性检验。其余政策并未对草原家庭的流转地块面积变化产生显著影响。

表4-6　　　　　　　确权政策对流转地块面积变化的影响

变量	流转地块面积变化			
	(1)	(2)	(3)	(4)
分畜到户	88.56 (0.83)	—	—	—
草地所有权分到村(嘎查)集体	—	203.31* (1.87)	—	—

续 表

变量	流转地块面积变化			
	(1)	(2)	(3)	(4)
草地承包到联户	—	—	141.15 (1.12)	—
草地承包到户	—	—	—	46.53 (0.29)
ln_家庭收入	-115.10* (-1.79)	-138.62** (-2.12)	-118.39* (-1.84)	-123.18* (-1.70)
草原退化	-68.72 (-0.64)	-85.91 (-0.80)	-76.46 (-0.71)	-66.90 (-0.57)
家庭规模	-1.52 (-0.04)	6.85 (0.17)	3.86 (0.10)	2.88 (0.07)
户主是否为党员	36.87 (0.27)	52.02 (0.38)	54.31 (0.40)	42.17 (0.31)
户主性别	-80.70 (-0.53)	-107.31 (-0.71)	-29.22 (-0.19)	-74.69 (-0.47)
Constant	1279.22* (1.81)	1491.79** (2.09)	1270.61* (1.80)	1363.35* (1.78)
Observations	232	232	232	232
R^2	0.021	0.033	0.023	0.018
F	0.800	1.276	0.899	0.699

注：***、**、*分别表示在1%、5%和10%水平下显著，括号中为计算出的 t 值。

表4-7中对表4-6中的实证研究使用稳健标准误进行回归，结果发现这四项政策均未对草原家庭的流转地块面积变化产生显著影响，见表4-7。

表4-7 稳健标准误下确权政策对流转地块面积变化的影响

变量	流转地块面积变化			
	(1)	(2)	(3)	(4)
分畜到户	88.56 (0.60)	—	—	—
草地所有权分到村(嘎查)集体	—	203.31 (1.16)	—	—
草地承包到联户	—	—	141.15 (1.33)	—
草地承包到户	—	—	—	46.53 (0.43)
ln_家庭收入	-115.10 (-1.25)	-138.62 (-1.26)	-118.39 (-1.26)	-123.18 (-1.13)
草原退化	-68.72 (-0.74)	-85.91 (-0.94)	-76.46 (-0.91)	-66.90 (-0.67)
家庭规模	-1.52 (-0.06)	6.85 (0.21)	3.86 (0.13)	2.88 (0.09)
户主是否为党员	36.87 (0.33)	52.02 (0.42)	54.31 (0.44)	42.17 (0.35)
户主性别	-80.70 (-1.00)	-107.31 (-1.22)	-29.22 (-0.64)	-74.69 (-1.02)
Constant	1279.22 (1.35)	1491.79 (1.34)	1270.61 (1.35)	1363.35 (1.23)
Observations	232	232	232	232
R^2	0.021	0.033	0.023	0.018
F	0.653	0.801	0.794	0.678

注：***、**、*分别表示在1%、5%和10%水平下显著，括号中为稳健标准误下计算出的t值。

表4-8中将四项政策的实行时长作为因变量进行研究，可以发现这四项确权政策的实行时长对草原家庭的流转地块面积变化并未产生统计学上显著的正向影响。需要注意的是，草地所有权分到村（嘎查）集体政策对家庭的流转地块面积变化产生了正向影响，说明这种影响并不是通过实行时长实现的。

表4-8　确权政策实行时长对流转地块面积变化的影响

变量	流转地块面积变化			
	(1)	(2)	(3)	(4)
分畜到户实行时长	2.29 (0.56)	—	—	—
草地所有权分到村(嘎查)集体实行时长	—	5.08 (1.60)	—	—
草地承包到联户实行时长	—	—	4.71 (0.83)	—
草地承包到户实行时长	—	—	—	-4.94 (-1.13)
ln_家庭收入	-118.77* (-1.82)	-139.20** (-2.11)	-114.38* (-1.78)	-81.02 (-1.15)
草原退化	-51.41 (-0.48)	-60.81 (-0.57)	-63.67 (-0.59)	-28.89 (-0.27)
家庭规模	0.30 (0.01)	1.36 (0.03)	1.00 (0.02)	-4.00 (-0.10)
户主是否为党员	36.46 (0.27)	43.74 (0.32)	49.65 (0.36)	41.26 (0.30)
户主性别	-75.58 (-0.49)	-86.57 (-0.57)	-57.17 (-0.38)	-29.74 (-0.19)

续 表

变量	流转地块面积变化			
	(1)	(2)	(3)	(4)
Constant	1328.15* (1.86)	1524.02** (2.11)	1268.83* (1.79)	969.56 (1.28)
Observations	232	232	232	232
R^2	0.019	0.029	0.021	0.023
F	0.737	1.119	0.801	0.899

注：***、**、*分别表示在1%、5%和10%水平下显著，括号中为计算出的 t 值。

（三）确权对草场规模经营的影响

1. 研究设计与模型构建

为对该问题进行实证研究，本书通过参考相关研究后构建实证模型见式（4-14）、式（4-15）。

$$areachange\_plus_i = \alpha_0 + \alpha_1 policy_k + \alpha_2 \ln income_i + \alpha_3 degradation_i + \sum_k \alpha_4 X_i + \epsilon_i \quad (4-14)$$

其中，$areachange\_plus_i$ 为描述家庭 i 在2018年全年发生流转后地块面积变化是否增加的虚拟变量，$policy_k$ 为家庭 i 所在 k 村2018年相应的土地确权政策实施情况，$income_i$ 为家庭 i 在2018年的总收入，$degradation_i$ 为家庭 i 在2018年自身对所处草原退化情况判断的虚拟变量，X_i 为家庭人口特征控制变量。

$$areachange\_plus_i = \alpha_0 + \alpha_1 policytime_k + \alpha_2 \ln income_i + \alpha_3 degradation_i + \sum_k \alpha_4 X_i + \epsilon_i \quad (4-15)$$

其中，$policytime_k$ 为家庭 i 所在 k 村2018年相应的土地确权政策实行时长。

2. 变量特征的描述性统计

根据表4-9中描述性统计可以发现,样本中有6.9%的草原家庭在2018年增加流转地块面积,当年草原家庭总收入均值为118889元,与现实情况基本一致。在所研究的草原家庭中,将所在村实行具体政策的家庭设置虚拟变量的值为1,反之为0,可以在表4-9中观察到,家庭所在村实行分畜到户政策的草原家庭占比为56.9%,所在村实行草地所有权分到村集体政策的草原家庭占比为51.3%,所在村实行草地承包到联户政策的草原家庭占比为24.1%,所在村实行草地承包到户政策的草原家庭占比为75%,各项政策实施的样本在总样本中占比具有一定规模,可以产生统计学上的比较效果。对于各项政策的实行时长,本节计量单位为年,当该值为0时说明并未实行该政策,家庭所在村实行分畜到户政策时长的均值为9.72年,所在村实行草地所有权分到村集体政策的时长均值为13.37年,所在村实行草地承包到联户政策的时长均值为3.841年,所在村实行草地承包到户政策的时长均值为17.21年,可以发现各项政策的实行时长是有差异的。

我们对于草场退化变量的选取,采用草原家庭在问卷中自身对所在草场的情况判断,如果认为草场在近年发生退化,则对该虚拟变量赋值为1,相反则赋值为0,在描述性统计中可以发现57.3%的草原家庭认为所在草场存在草场退化情况。家庭规模表示样本草原的家庭规模,从描述性统计中可知样本中草原家庭最大规模为10名成员,最少的家庭为1人,平均数为3.642,与一般城市家庭规模相比差异不大。户主性别为样本家庭户主性别,如果户主为男性就对该虚拟变量赋值为1,如果为女性则赋值为0,描述性统计中显示该虚拟变量的平均值为0.853,说明更多的家庭是男性成员为户主。户主是否为党员表示样本家庭户主是否是中共党员，如果是党员则对该虚拟变量赋值为1，如果不是则赋值为0，平均值为0.185，说明样本中平均每5户家庭中就有1户家庭的户主为中共党员。

表4-9　　确权对流转地块面积是否增加影响的描述性统计

变量	均值	标准差	最小值	最大值
流转面积是否增加	0.0690	0.254	0	1
分畜到户(%)	0.569	0.496	0	1
草地所有权分到村(嘎查)集体(%)	0.513	0.501	0	1
草地承包到联户(%)	0.241	0.429	0	1
草地承包到户(%)	0.750	0.434	0	1
分畜到户实行时长(年)	9.720	12.95	0	39
草地所有权分到村(嘎查)集体实行时长(年)	13.37	16.86	0	62
草地承包到联户实行时长(年)	3.841	9.205	0	39
草地承包到户实行时长(年)	17.21	13.62	0	42
草原退化(%)	0.573	0.496	0	1
家庭收入(元)	118889	103873	8000	725600
家庭规模	3.642	1.357	1	10
户主性别	0.853	0.354	0	1
户主是否为党员	0.185	0.389	0	1

注：测量值为232。

3. 实证研究

通过构建模型进行实证研究，发现各项政策对草原家庭是否会增加流转的地块面积分别产生了统计学上显著的影响，并且各多元回归方程具有较好的拟合优度，见表4-10。下面对各项政策的影响进行逐个分析。

在研究分畜到户和草地所有权分到村（嘎查）集体的政策实施与否对草原家庭是否会增加流转地块面积的影响研究中，可以观察到家庭所在村庄如果实施这两项政策，并不会对家庭是否增加流转地块面积产生显著的影响。

在研究草地承包到联户的政策实施与否对草原家庭是否会增加流转的地块面积的影响研究中，可以观察到家庭所在村庄如果实施这项政策，会对草原家庭是否会增加流转的地块面积产生正向影响，系数达到0.19，且结果在1%的标准下通过显著性检验。

在研究草地承包到户的政策实施与否对草原家庭是否会增加流转地块面积的影响研究中，可以观察到家庭所在村庄如果实施这项政策，会对草原家庭是否会增加流转地块面积产生正向影响，系数达到0.11，且结果在5%的标准下通过显著性检验。

可以看出草地承包到联户和草地承包到户这两项关于土地确权的政策都对草原家庭是否会增加流转面积的行为产生显著的正向影响，说明这种确权方式能够激励家庭流转地块面积增加。

表4-10　　　　确权政策对流转面积是否增加的影响

变量	流转面积是否增加			
	(1)	(2)	(3)	(4)
分畜到户	0.04 (1.05)	—	—	—

续　表

变量	流转面积是否增加			
	(1)	(2)	(3)	(4)
草地所有权分到村(嘎查)集体	—	0.03 (0.82)	—	—
草地承包到联户	—	—	0.19*** (4.84)	—
草地承包到户	—	—	—	0.11** (2.15)
ln_家庭收入	0.00 (0.03)	-0.00 (-0.11)	-0.01 (-0.26)	-0.02 (-0.91)
草原退化	-0.04 (-1.03)	-0.03 (-0.98)	-0.06* (-1.82)	-0.06* (-1.66)
家庭规模	-0.01 (-1.13)	-0.01 (-1.01)	-0.01 (-0.72)	-0.01 (-0.56)
户主是否为党员	-0.07 (-1.62)	-0.07 (-1.55)	-0.05 (-1.19)	-0.06 (-1.46)
户主性别	0.05 (0.95)	0.05 (0.99)	0.10** (2.04)	0.02 (0.41)
Constant	0.09 (0.38)	0.12 (0.51)	0.08 (0.35)	0.28 (1.16)
Observations	232	232	232	232
R^2	0.026	0.024	0.114	0.041
F	1.017	0.941	4.824	1.612

注：***、**、*分别表示在1%、5%和10%水平下显著，括号中为计算出的 t 值。

表4-11中对表4-10中的实证研究使用稳健标准误进行回归，结果发现草地承包到联户和草地承包到户这两项关于土地确权的政策都对草原家庭是否会增加流转面积的行为产生了显著的正向影响，说明该结果具有一定的可靠性。

表 4-11　稳健标准误下确权政策对流转面积是否增加的影响

变量	流转面积是否增加			
	(1)	(2)	(3)	(4)
分畜到户	0.04 (0.92)	—	—	—
草地所有权分到村(嘎查)集体	—	0.03 (0.70)	—	—
草地承包到联户	—	—	0.19*** (3.15)	—
草地承包到户	—	—	—	0.11** (2.18)
ln_家庭收入	0.00 (0.04)	-0.00 (-0.13)	-0.01 (-0.30)	-0.02 (-0.98)
草原退化	-0.04 (-0.86)	-0.03 (-0.81)	-0.06 (-1.53)	-0.06 (-1.34)
家庭规模	-0.01 (-1.28)	-0.01 (-1.15)	-0.01 (-0.88)	-0.01 (-0.63)
户主是否为党员	-0.07** (-2.05)	-0.07** (-2.05)	-0.05 (-1.53)	-0.06* (-1.94)
户主性别	0.05 (1.15)	0.05 (1.29)	0.10** (2.25)	0.02 (0.67)
Constant	0.09 (0.53)	0.12 (0.66)	0.08 (0.45)	0.28 (1.39)
Observations	232	232	232	232
R^2	0.026	0.024	0.114	0.041
F	1.316	1.270	2.323	1.963

注：***、**、*分别表示在1%、5%和10%水平下显著，括号中为稳健标准误下计算出的 t 值。

草原产权改革的经济影响研究

表4-12中将四项政策的实行时长作为因变量进行研究,可以发现分畜到户和草地承包到联户政策的实行时长(年)对草原家庭是否会增加流转地块面积的行为产生统计学上显著的正向影响。其中,分畜到户政策实行时长的影响系数为0.005,说明分畜到户政策实行时间越长,对草原家庭是否会增加流转面积的行为产生了显著为正的影响。草地承包到联户实行时长(年)的影响系数为0.004,说明草地承包到联户政策实行时间越长,也对草原家庭是否会增加流转面积的行为产生了显著为正的影响。需要注意的是,草地所有权分到村(嘎查)集体政策实行时长的影响系数为-0.002,说明草地所有权分到村(嘎查)集体政策实行时间越长,对草原家庭是否会增加流转面积的行为产生了显著为负的影响。

表4-12　　确权政策实行时长对流转面积是否增加的影响

变量	流转面积是否增加			
	(1)	(2)	(3)	(4)
分畜到户实行时长	0.005*** (3.92)	—	—	—
草地所有权分到村(嘎查)集体实行时长	—	-0.002* (-1.87)	—	—
草地承包到联户实行时长	—	—	0.004** (2.41)	—
草地承包到户实行时长	—	—	—	0.000 (0.28)
ln_家庭收入	-0.010 (-0.49)	0.011 (0.51)	0.001 (0.03)	-0.001 (-0.06)
草原退化	-0.026 (-0.78)	-0.027 (-0.78)	-0.040 (-1.15)	-0.032 (-0.89)

续　表

变量	流转面积是否增加			
	(1)	(2)	(3)	(4)
家庭规模	-0.014 (-1.07)	-0.015 (-1.13)	-0.013 (-1.03)	-0.014 (-1.05)
户主是否为党员	-0.077* (-1.80)	-0.072 (-1.64)	-0.061 (-1.39)	-0.071 (-1.59)
户主性别	0.021 (0.43)	0.066 (1.35)	0.058 (1.21)	0.054 (1.08)
Constant	0.195 (0.87)	-0.004 (-0.02)	0.078 (0.34)	0.113 (0.46)
Observations	232	232	232	232
R-squared	0.084	0.037	0.046	0.022
F	3.447	1.423	1.820	0.841

注：***、**、*分别表示在1%、5%和10%水平下显著，括号中为计算出的 t 值。

二　颁证对草地流转的影响分析

(一) 颁证对流转地块的影响分析

1. 研究设计与模型构建

为对该问题进行实证研究，本书通过参考相关研究后构建实证模型见式 (4-16)、式 (4-17)。

$$areachange_i = \alpha_0 + \alpha_1 certi_k + \alpha_2 \ln income_i + \alpha_3 degradation_i + \sum_k \alpha_4 X_i + \epsilon_i$$

$$(4-16)$$

其中，$areachange_i$ 为描述家庭 i 在 2018 年全年发生流转后地块面积变化情况的变量，$certi_k$ 为家庭 i 所在 k 村 2018 年相应的土地颁证政策实施情况，$income_i$ 为家庭 i 在 2018 年的总收入，$degredation_i$ 为家庭 i 在 2018 年自身对所处草原退化情况判断的虚拟变量，X_i 为家庭人口特征控制变量。

$$areachange_i = \alpha_0 + \alpha_1 certitime_k + \alpha_2 \ln income_i + \\ \alpha_3 degredation_i + \sum_k \alpha_4 X_i + \epsilon_i \quad (4-17)$$

其中，$certitime_k$ 为家庭 i 所在 k 村 2018 年相应的土地颁证政策实行时长。

2. 变量的描述性统计

根据表 4-13 的描述性统计可以发现，样本中草原家庭在 2018 年流转地块面积增加的最大值为 600（单位），减少的最大值为 11200，当年草原家庭总收入均值为 120338 元，与现实情况基本一致。在所研究的草原家庭中，将所在村实行具体政策的家庭设置虚拟变量的值为 1，反之为 0，可以在表 4-13 中观察到，家庭所在村给村（嘎查）集体发放草地所有权证的草原家庭占比为 31.5%，所在村给联户发放草地承包经营权证的草原家庭占比为 15.7%，所在村给各户发放草地承包经营权证的草原家庭占比为 66.9%，各项颁证政策实施的样本在总样本中占比具有一定规模，可以产生统计学上的比较效果。对于各项颁证政策的实行时长，本节计量单位为年，当该值为 0 时说明并未实行该政策，家庭所在村给村（嘎查）集体发放草地所有权证实行时长的均值为 3.806 年，所在村给联户发放草地承包经营权证实行时长均值为 0.714 年，所在村给各户发放草地承包经营权证实行时长均值为 7.492 年，可以发现各项政策的实行时长是有差异的，并且给联户发放承包经营权证的时长均值基本为0,说明发放情况较少。

我们对于草场退化变量的选取,采用草原家庭在问卷中自身对所在草场的情况判断,如果认为草场在近年发生退化,则对该虚拟变量赋值为1,相反则赋值为0,在描述性统计中可以发现53.6%的草原家庭认为所在草场存在草场退化情况。家庭规模表示样本草原的家庭规模,从描述性统计中可知样本中草原家庭最大规模为10名成员,最少的家庭为1人,平均数为3.609,与一般城市家庭规模相比差异不大。户主性别为样本家庭户主性别,如果户主为男性就对该虚拟变量赋值为1,如果为女性则赋值为0,描述性统计中显示该虚拟变量的平均值为0.863,说明更多的家庭是男性成员为户主。户主是否为党员表示样本家庭户主是否是中共党员,如果是党员则对该虚拟变量赋值为1,如果不是则赋值为0,平均值为0.177。

表4-13　　　　颁证对流转地块面积变化影响的描述性统计

变量	均值	标准差	最小值	最大值
流转地块面积变化	-81.80	754.9	-11200	600
给村(嘎查)集体发放草地所有权证(%)	0.315	0.465	0	1
给联户发放草地承包经营权证(%)	0.157	0.365	0	1
给各户发放草地承包经营权证(%)	0.669	0.471	0	1
给村(嘎查)集体发放草地所有权证实行时长(年)	3.806	9.167	0	36
给联户发放草地承包经营权证实行时长(年)	0.714	4.103	0	29

续 表

变量	均值	标准差	最小值	最大值
给各户发放草地承包经营权证实行时长(年)	7.492	9.723	0	29
草原退化(%)	0.536	0.500	0	1
家庭收入(元)	120338	104948	8000	725600
家庭规模	3.609	1.351	1	10
户主性别	0.863	0.345	0	1
户主是否为党员	0.177	0.383	0	1

注：观测值为248。

3. 实证研究

通过构建式（4-16）进行实证研究，下面对各项政策的影响进行分析。研究发现，各项政策并未对草原家庭的流转地块面积变化产生显著影响。

表4-14　　　　颁证对流转地块面积变化的影响

变量	流转地块面积变化		
	(1)	(2)	(3)
给村(嘎查)集体发放草地所有权证	117.47 (1.08)	—	—
给联户发放草地承包经营权证	—	105.08 (0.79)	—
给各户发放草地承包经营权证	—	—	-8.42 (-0.06)
ln_家庭收入	-111.22* (-1.84)	-99.97* (-1.66)	-101.02 (-1.57)

续 表

变量	流转地块面积变化		
	(1)	(2)	(3)
草原退化	-85.95 (-0.86)	-71.86 (-0.73)	-58.04 (-0.48)
家庭规模	-2.53 (-0.07)	-4.06 (-0.11)	-2.64 (-0.07)
户主是否为党员	27.12 (0.21)	33.79 (0.26)	34.47 (0.27)
户主性别	-81.03 (-0.55)	-65.54 (-0.45)	-59.47 (-0.41)
Constant	1266.44* (1.89)	1142.27* (1.71)	1158.48* (1.67)
Observations	248	248	248
R^2	0.021	0.019	0.016
F	0.865	0.774	0.669

注：***、**、*分别表示在1%、5%和10%水平下显著，括号中为计算出的 t 值。

为了对表4-14中实证结果进行稳健性研究，使用稳健标准误的估计方法对三项颁证情况的影响进行研究，研究结果见表4-15，同样未发现显著影响。

表4-15　　稳健标准误下颁证对流转地块面积变化的影响

变量	流转地块面积变化		
	(1)	(2)	(3)
给村(嘎查)集体发放草地所有权证	117.47 (0.97)	—	—

续 表

变量	流转地块面积变化		
	（1）	（2）	（3）
给联户发放草地承包经营权证	—	105.08 (1.63)	—
给各户发放草地承包经营权证	—	—	-8.42 (-0.12)
ln_家庭收入	-111.22 (-1.22)	-99.97 (-1.23)	-101.02 (-1.14)
草原退化	-85.95 (-0.89)	-71.86 (-0.89)	-58.04 (-0.55)
家庭规模	-2.53 (-0.10)	-4.06 (-0.17)	-2.64 (-0.10)
户主是否为党员	27.12 (0.27)	33.79 (0.32)	34.47 (0.33)
户主性别	-81.03 (-1.19)	-65.54 (-1.19)	-59.47 (-1.14)
Constant	1266.44 (1.29)	1142.27 (1.31)	1158.48 (1.24)
Observations	248	248	248
R^2	0.021	0.019	0.016
F	0.655	0.860	0.632

注：***、**、*分别表示在1%、5%和10%水平下显著，括号中为稳健标准误下计算出的 t 值。

通过构建式（4-17）进行实证研究，结果见表4-16，研究发现各项颁证政策的实行时长未对草原家庭的流转地块面积变化产生显著影响。

表4-16 颁证实行时长对流转地块面积变化的影响

变量	流转地块面积变化		
	(1)	(2)	(3)
给村(嘎查)集体发放草地所有权证	1.633 (0.29)	—	—
给联户发放草地承包经营权证	—	4.149 (0.34)	—
给各户发放草地承包经营权证	—	—	6.566 (1.22)
ln_家庭收入	-106.366* (-1.73)	-104.919* (-1.73)	-118.639* (-1.93)
草原退化	-57.166 (-0.57)	-55.938 (-0.56)	-91.625 (-0.91)
家庭规模	-1.496 (-0.04)	-1.382 (-0.04)	4.116 (0.11)
户主是否为党员	27.609 (0.21)	33.785 (0.26)	14.560 (0.11)
户主性别	-60.413 (-0.42)	-57.545 (-0.40)	-63.159 (-0.44)
Constant	1204.906* (1.78)	1187.055* (1.78)	1304.415* (1.94)
Observations	248	248	248
R^2	0.017	0.017	0.022
F	0.683	0.689	0.923

注：***、**、*分别表示在1%、5%和10%水平下显著，括号中为计算出的t值。

(二) 颁证对草场流转规模的影响分析

1. 研究设计与模型构建

为对该问题进行实证研究，本书通过参考相关研究后构建实证模型见式 (4-18)、式 (4-19)。

$$areachange\_plus_i = \alpha_0 + \alpha_1 certi_k + \alpha_2 \ln income_i \\ + \alpha_3 degredation_i + \sum_k \alpha_4 X_i + \epsilon_i \quad (4-18)$$

其中，$areachange\_plus_i$ 为描述家庭 i 在 2018 年全年发生流转后地块面积变化是否增加的虚拟变量，$certi_k$ 为家庭 i 所在 k 村 2018 年相应的土地颁证政策实施情况，$income_i$ 为家庭 i 在 2018 年的总收入，$degredation_i$ 为家庭 i 在 2018 年自身对所处草原退化情况判断的虚拟变量，X_i 为家庭人口特征控制变量。

$$areachange\_plus_i = \alpha_0 + \alpha_1 certitime_k + \alpha_2 \ln income_i \\ + \alpha_3 degredation_i + \sum_k \alpha_4 X_i + \epsilon_i \quad (4-19)$$

其中，$certitime_k$ 为家庭 i 所在 k 村 2018 年相应的土地颁证政策实行时长。

2. 变量的描述性统计

根据表 4-17 中的描述性统计可以发现，样本中有 6.45% 的草原家庭在 2018 年增加流转地块面积，当年草原家庭总收入均值为 120338 元，与现实情况基本一致。在所研究的草原家庭中，将所在村实行具体政策的家庭设置虚拟变量的值为 1，反之为 0，可以在表 4-17 中观察到，家庭所在村给村（嘎查）集体发放草地所有权证的草原家庭占比为 31.5%，所在村给联户发放草地承包经营权证的草原家庭占比为 15.7%，所在村给各户发放草地承包经营权证的草原家庭占比为 66.9%，各项颁证政策实施的样本在总样本中占比具有一定规模，可以产生统计学上的比较效果。对于各项颁证政策的实行时长,本节计量单位为年,当该值为 0 时说明并未实行该政策,家庭所在村给村(嘎查)集体发放草地所有权证实行时长的均值为 3.806 年,所在村给联户发放草地承包经营权证实行时长均值为 0.714 年,所在村给各户发放草地承包经营权证实行时长均值为 7.492 年,可以发现各项政策的实行时长是有差异的,并且给联户发放承包经营权证的时长均值基本为 0,说明发放情况较少。

我们对于草场退化变量的选取,采用草原家庭在问卷中自身对所在草场的情况判断,如果认为草场在近年发生退化,则对该虚拟变量赋值为 1,相反则赋值为 0,在描述性统计中可以发现 53.6% 的草原家庭认为所在草场存在草场退化情况。家庭规模表示样本草原的家庭规模,从描述性统计中可知样本中草原家庭最大规模为 10 名成员,最少的家庭为 1 人,平均数为 3.609,与一般城市家庭规模相比差异不大。户主性别为样本家庭户主性别,如果户主为男性就对该虚拟变量赋值为 1,如果为女性则赋值为 0,描述性统计中显示该虚拟变量的平均值为 0.863,说明更多的家庭是男性成员为户主。户主是否为党员表示样本家庭户主是否是中共党员,如果是党员则对该虚拟变量赋值为 1,如果不是则赋值为 0,平均值为 0.177。

表 4-17　　颁证对流转地块面积是否增加影响的描述性统计

变量	均值	标准差	最小值	最大值
流转地块面积是否增加(%)	0.0645	0.246	0	1
给村(嘎查)集体发放草地所有权证(%)	0.315	0.465	0	1
给联户发放草地承包经营权证(%)	0.157	0.365	0	1

续　表

变量	均值	标准差	最小值	最大值
给各户发放草地承包经营权证(%)	0.669	0.471	0	1
给村(嘎查)集体发放草地所有权证实行时长(年)	3.806	9.167	0	36
给联户发放草地承包经营权证实行时长(年)	0.714	4.103	0	29
给各户发放草地承包经营权证实行时长(年)	7.492	9.723	0	29
草原退化(%)	0.536	0.500	0	1
家庭收入(元)	120338	104948	8000	725600
家庭规模	3.609	1.351	1	10
户主性别	0.863	0.345	0	1
户主是否为党员	0.177	0.383	0	1

注：观测值为248。

3. 实证研究

通过构建式（4-18）进行实证研究，见表4-18。下面对各项政策的影响进行分析。研究发现，在研究各项颁证政策实施与否对草原家庭是否会增加流转地块面积的影响后，可以观察到家庭所在村庄如果给各户发放草地承包经营权证，会对草原家庭是否会增加流转地块面积产生正向影响，系数为0.19，且结果在1%的标准下通过显著性检验。发现给联户发放草地承包经营权证并未对草原家庭是否会增加流转地块面积产生影响，给村（嘎查）集体发放草地所有权证对家庭是否增加流转地块面积产生负向影响。

表 4-18　　　　　颁证对流转地块面积是否增加的影响

变量	流转面积是否增加		
	(1)	(2)	(3)
给村(嘎查)集体发放草地所有权证	-0.08** (-2.32)	—	—
给联户发放草地承包经营权证	—	-0.05 (-1.06)	—
给各户发放草地承包经营权证	—	—	0.19*** (4.38)
ln_家庭收入	0.00 (0.18)	-0.00 (-0.19)	-0.03* (-1.70)
草原退化	0.00 (0.12)	-0.01 (-0.26)	-0.11*** (-2.89)
家庭规模	-0.01 (-0.86)	-0.01 (-0.80)	-0.00 (-0.33)
户主是否为党员	-0.06 (-1.34)	-0.06 (-1.44)	-0.08* (-1.86)
户主性别	0.06 (1.34)	0.05 (1.08)	0.05 (1.14)
Constant	0.04 (0.19)	0.12 (0.56)	0.37* (1.70)
Observations	248	248	248
R^2	0.037	0.020	0.088
F	1.539	0.816	3.867

注：***、**、* 分别表示在1%、5%和10%水平下显著，括号中为计算出的 t 值。

为了对表 4-18 中实证结果进行稳健性研究，使用稳健标准误的估计方法对三项颁证情况的影响进行研究，研究结果见表4-19，可以发现在稳健标准误下给各户发放草地承包经营权证依然对草原家庭增加流转地块面积产生正向的影响，影响系数达到0.19，在1%的水平上通过显著性检验，给村（嘎查）集体发放草地所有权证依然对草原家庭增加流转地块面积产生负向影响，影响系数达到0.08，在1%的水平上通过显著性检验，进一步增强了表4-18中的研究结果的可靠性。

表4-19 稳健标准误下颁证对流转地块面积是否增加的影响

变量	流转面积是否增加		
	(1)	(2)	(3)
给村（嘎查）集体发放草地所有权证	-0.08*** (-2.83)	—	—
给联户发放草地承包经营权证	—	-0.05 (-1.55)	—
给各户发放草地承包经营权证	—	—	0.19*** (3.67)
ln_家庭收入	0.00 (0.21)	-0.00 (-0.25)	-0.03* (-1.93)
草原退化	0.00 (0.12)	-0.01 (-0.26)	-0.11** (-2.16)
家庭规模	-0.01 (-1.00)	-0.01 (-0.96)	-0.00 (-0.40)
户主是否为党员	-0.06* (-1.82)	-0.06* (-1.94)	-0.08** (-2.25)
户主性别	0.06 (1.63)	0.05 (1.33)	0.05 (1.33)

续 表

变量	流转面积是否增加		
	(1)	(2)	(3)
Constant	0.04 (0.25)	0.12 (0.79)	0.37** (2.05)
Observations	248	248	248
R^2	0.037	0.020	0.088
F	2.060	1.383	3.012

注：***、**、* 分别表示在1%、5%和10%水平下显著，括号中为稳健标准误下计算出的 t 值。

通过构建式（4-19）进行实证研究，结果见表4-20，研究发现家庭所在村庄给各户发放草地承包经营权证的实行时长，会对草原家庭是否会增加流转地块面积产生正向影响，影响系数为0.004，且结果在5%的标准下通过显著性检验。发现给联户发放草地承包经营权证并未对草原家庭是否会增加流转地块面积产生影响，给村（嘎查）集体发放草地所有权证对家庭是否增加流转地块面积产生负向影响，影响系数为0.003，且结果在10%的标准下通过显著性检验。

表4-20　　颁证实行时长对流转地块面积是否增加的影响

变量	流转面积是否增加		
	(1)	(2)	(3)
给村（嘎查）集体发放草地所有权证实行时长	-0.003* (-1.65)	—	—
给联户发放草地承包经营权证实行时长	—	-0.003 (-0.72)	

续 表

变量	流转面积是否增加		
	(1)	(2)	(3)
给各户发放草地承包经营权证实行时长	—	—	0.004** (2.19)
ln_家庭收入	0.004 (0.22)	-0.001 (-0.05)	-0.012 (-0.61)
草原退化	-0.022 (-0.69)	-0.017 (-0.52)	-0.030 (-0.91)
家庭规模	-0.012 (-0.99)	-0.011 (-0.92)	-0.007 (-0.56)
户主是否为党员	-0.049 (-1.16)	-0.061 (-1.44)	-0.072* (-1.71)
户主性别	0.050 (1.07)	0.047 (1.00)	0.046 (0.98)
Constant	0.045 (0.21)	0.097 (0.45)	0.186 (0.85)
Observations	248	248	248
R^2	0.026	0.017	0.035
F	1.089	0.714	1.436

注：***、**、* 分别表示在1%、5%和10%水平下显著，括号中为计算出的 t 值。

第五章

确权颁证对牧民投资行为影响的分析

第一节 草地确权对牧民投资行为影响的理论背景

清晰且得到有效保护的产权至少能够带来以下几个方面的积极影响。一是能够对产权主体形成有效地激励,鼓励其对草地进行有效的管护并进行长期的生产性投资;二是提高草地的流转效率和流转能力,进一步克服抑制土地流转市场发育的不利因素,使草地转入方能够实现规模经济优势;三是清晰的产权意味着草场具备了资产资本化的条件,即草场权属清晰并得到国家土地资源管理部门的确认,完成了确权颁证,那么草场可以作为抵押品进入正规金融市场,获得融资。

产权学派认为,产权改革深化带来的收益包括静态和动态两个方面。清晰、安全的草场产权能够为所有者带来稳定的剩余索取权。由集体经营向个体经营的改革策略会带来生产率的大幅度提升,这种现象在中国表现得尤其明显。与此同时,清晰的产权制度安排会对长期的生产性投资形成正向影响。

理论上,产权不明晰带来的产权安全性低,实质上是由于未来可能发生的冲突引发的预期收入损失,这意味着通过正式制度安排消除未来可能的冲突将会通过生产率增进、提高土地所有者投资意愿以及长期投资规模实现回报增加。这一逻辑在理论上容易理解，但在实证中，这种经济影响在不同情境下是否表现出一致性向来具有争议。

来自非洲的经验证据表明，如果将土地所有者潜在的内生投资行为纳入考察范围，可以发现该地区产权改革的投资激励影响变得非常复杂，原因在于特定的投资行为，如建设性畜棚圈、草场围栏等投资行为是建设排他性产权的一部分，因而并不必然带来生产力增进的结果。已有研究围绕产权改革对投资增进的实证结果显示，无论是正式制度安排还是非正式制度安排，以所有者拥有程度来衡量的产权安全性会显著的影响农牧民的投资决策。特别是当投资形式是以劳动密集型为主，较少涉及现金流时，即使是非正式的产权制度安排，表现出的结果仍然是产权安全程度越高，对所有者形成的正向投资激励也越强。

来自以加纳的三个地区为研究案例的实证结果表明，地块层面的产权安全性越好会显著地增进农户栽植树木、建设灌溉和排水设施以及进行地膜覆盖等投资行为。地块层次的产权安全在家庭层面形成的整体是产权安全性与投资二者之间关系的决定性原因。

与加纳的研究结论类似，来自中国的实证结果也再次强调了地权安全性对投资影响的重要性。Rozelle 等将同一家庭、同一作物但在不同权属关系的地块种植的投入结构进行分析，发现农户更倾向于在权属关系更加清晰的地块上投入更多的劳动力和有机肥。[1] 类似地，Yao

---

[1] Rozelle S., Pray C., Huang J., "Importing the Means of Production: Foreign Capital and Technologies Flows in China's Agriculture", *Agricultural Trade Liberalization in China: Political Economy and Adjustment Costs*, 1996: 32.

的研究也发现更高水平的产权安全能够带来显著的长期投资激励（如绿肥施用）。① 来自巴西亚马孙流域的研究也发现，土地确权产生的产权安全性提升产生了同样的影响。②

此外，尼日尔的土地资源禀赋更为丰裕，完全私有和拥有使用权这两种不同产权制度安排的地块在有机肥施用和中长期投资两种投资并没有表现出显著的差异。另有进一步的研究表明，农户在租来的土地上施用的有机肥比自有的土地上要更少，但在自有土地和传统的拥有使用权的土地上则没什么差异。所以对比这两个结果就可以发现，传统的拥有"使用权"的产权安排比租赁这种产权安排更能保证农户可以获得稳定的预期收益。

因此，在更具有一般意义的概念上理解同一产权制度安排在不同国家对投资的影响产生了不同的影响方向和影响幅度，具有重要意义，特别是将与投资相关的投资时间维度、资源使用的机会成本以及预期收益的跨时间分布规模纳入考察范围，可能带来更具启发性的研究结论。

在中国，农地确权颁证对农户经济行为的影响作用具有重要意义，产权明晰可以促进市场交易的发生，农村土地"三权分置"能够提升农户农地产权稳定性预期，促使农户加深投资，对农业生产产生积极影响。郭磊研究发现，土地确权登记有助于依法确认和保障农民的土地物权，帮助实现农户增信，有利于农户借助金融业所特有的资产形

---

① Yao Y., *Three Essays on the Implications of Imperfect Markets in Rural China*, The University of Wisconsin – Madison, 1996.
② Alston L. J., Libecap G. D., Schneider R., "Property Rights and the Preconditions for Markets: The Case of the Amazon Frontier", *Journal of Institutional and Theoretical Economics*, 1995: 89 – 107; Alston L. J., Libecap G. D., Schneider R., "The Determinants and Impact of Property Rights: Land Titles on the Brazilian Frontier", *The Journal of Law, Economics, and Organization*, 1996, 12 (1): 25 – 61.

式转换功能获得资金,从而增加农业生产性投资。[①] 林文声等采用"中国劳动力动态调查"(CLDS)数据进行实证分析发现,农地确权颁证主要通过提高地权安全性、地权可交易性以及信贷可得性三种方式,促进农户农业投资。[②] 孙琳琳等 2020 年利用 CLDS 数据库发现目前确权主要通过提升土地承包经营权稳定性这一直接机制促进农户资本投资。[③] 王小龙等利用该数据库发现农地确权改革显著地降低了农民自主创业的可能性。[④] 李江一等进一步发现农地确权可以通过激励农户增加农业投资而提高农业纯收入。[⑤] 作为实证研究来说,该领域的实证结果普遍出于相同数据库,并未有专门研究草原农业家庭的相关研究,而且高强和张琛研究发现农地确权会对农户生产行为产生影响,但由于这种影响是多维度与多层面的,导致不同地区不同时点农户产生不同的行为响应,所以需要专门对草原家庭数据进行相关研究,补充实证证据。[⑥] 本节先是构建了农地确权颁证影响农户农业投资行为的模型框架,进而采用内蒙古大学大学生 2019 年"三下乡"在内蒙古自治区内收集到的截面数据对其进行实证分析。研究结果表明,通过增加对畜牧与农业投资的方式,确权颁证对草原家庭的生产性总投资产生了显著的促进作用。

[①] 郭磊:《土地确权、机构贷款与农业生产性投资研究》,华南农业大学,硕士学位论文,2018 年。
[②] 林文声、秦明、王志刚:《农地确权颁证与农户农业投资行为》,《农业技术经济》2017 年第 12 期。
[③] 孙琳琳、杨浩、郑海涛:《土地确权对中国农户资本投资的影响——基于异质性农户模型的微观分析》,《经济研究》2020 年第 11 期。
[④] 王小龙、薛畅、许敬轩:《农地确权能促进农民自主创业吗?——基于 CLDS 数据的经验研究》,《经济科学》2020 年第 6 期。
[⑤] 李江一、仇童伟、李涵:《农地确权影响农户收入的内在机制检验——基于中国家庭金融调查的面板证据》,《南京农业大学学报》(社会科学版)2021 年第 4 期。
[⑥] 高强、张琛:《农地确权与农户生产行为:研究述评及展望》,《江南大学学报》(人文社会科学版)2020 年第 3 期。

第二节 理论模型构建

理论上,土地权属关系的确认将会降低交易成本,这必然会导致更有效率的要素配置,并且增加牧户牧业生产的全要素生产率。为了进一步将上述过程模型化,产生一个嘎查或村的总产出,见式(5-1)。

$$Y = \sum f_i = \sum_i \varphi_i A_i^\beta l_i^\alpha = \sum_i \varphi_i \left(\frac{A_i}{A}\right)^\beta \left(\frac{l_i}{l}\right)^\beta A^\beta l^\alpha = \rho A^\beta l^\alpha \quad (5-1)$$

其中,$\rho = \sum_i \varphi_i \left(\frac{A_i}{A}\right)^\beta \left(\frac{l_i}{l}\right)^\beta$ 表示嘎查 i 的全要素生产率,它由牧户的全要素生产率以及劳动和土地的配置方式决定。

假定一个嘎查或村庄内有牧业和非牧业两种生产方式,牧业产出只取决于草地和劳动力数量,生产过程由式(5-2)的生产函数来描述。

$$f_i(\varphi_i, A_i, l_i) = \varphi_i A_i^\beta l_i^\alpha \quad (5-2)$$

其中,$f_i(\varphi_i, A_i, l_i)$ 表示牧户 i 的产出,A_i 和 l_i 分别代表草地和劳动投入。$\beta < 1$ 表示草地的产出弹性,$\alpha < 1$ 表示劳动的产出弹性,我们进一步假定 $\alpha + \beta < 1$,$\varphi_i \in [\underline{\varphi}, \overline{\varphi}]$ 表示牧户 i 的全要素生产率(TFP)。此外,草地流转市场是一个区域性的市场,牧户家庭可以以 r 的价格出租草地。畜牧产品价格记为 p_a,正交化为1。基于上述假设,牧户家庭总收入可以表示为式(5-3)。

$$Y_i = \varphi_i A_i^\beta l_i^\alpha - w(l_i - l_r) + (\underline{A_i} - A_i)r \quad (5-3)$$

其中,$\underline{A_i}$ 表示牧户 i 的土地禀赋,w 是劳动力市场工资,l_i 是总劳动力投入,l_r 是家庭劳动力投入。如果 $l_i - l_r > 0$ 表示家庭雇入劳动力,相反则表示家庭劳动力参与非牧业产业生产。嘎查或村全部的草地记为 A,平均分配给各牧户。假定草地租赁市场是一种局域性市场,牧

户以 r 的价格在嘎查或村里出租草地，默认草地租赁市场发育是完全的，不存在交易成本，那么一个简单的最优化问题就是牧户如何选择 A_i 使式（5-4）的目标函数最优。

$$Max\pi = \varphi_i A_i^\beta l_i^\alpha - w(l_i - l_r) + (\underline{A_i} - A_i)r \quad (5-4)$$

其中，$\underline{A_i} - A_i > 0$ 表示牧户出租草场，$\underline{A_i} - A_i < 0$ 表示牧户租入草场；求解式（5-4）的一阶最优条件可得式（5-5）、式（5-6）。

$$\frac{\partial \pi}{\partial A_i} = \varphi_i \beta A_i^{\beta-1} l_i^\alpha - r = 0 \quad (5-5)$$

$$\frac{\partial \pi}{\partial l_i} = \varphi_i A_i^\beta \alpha l_i^{\alpha-1} - w = 0 \quad (5-6)$$

我们对式（5-5）进行变形，得出式（5-7）求解出 A_i。

$$A_i = \left(\frac{\beta}{r}\right)^{\frac{1}{1-\beta}} \tau_i \theta_i l_i^{\frac{\alpha}{1-\beta}} \quad (5-7)$$

其中，$\tau_i = \left(\frac{r}{r_i}\right)^{\frac{1}{1-\beta}}$，$\theta_i = \varphi_i^{\frac{1}{1-\beta}}$，$r_i$ 表示牧户 i 的土地均衡边际价值。我们把嘎查中所有的牧户加起来，可得式（5-8）。

$$A = \left(\frac{\beta}{r}\right)^{\frac{1}{1-\beta}} \sum \tau_i \theta_i l_i^{\frac{\alpha}{1-\beta}} \quad (5-8)$$

用 A_i 除以式（5-8）的左右两边可以得到牧户在嘎查内部的草场份额，见式（5-9）。

$$\frac{A_i}{A} = \frac{\tau_i \theta_i l_i^{\frac{\alpha}{1-\beta}}}{\sum \tau_i \theta_i l_i^{\frac{\alpha}{1-\beta}}} \quad (5-9)$$

那么加总的全要素生产率就可以表示为式（5-10）。

$$\rho = \sum \frac{\tau_i \theta_i l_i^{\frac{\alpha\beta}{1-\beta}}}{(\sum \tau_i \theta_i l_i^{\frac{\alpha\beta}{1-\beta}})^\beta} \left(\frac{l_i}{l}\right)^\alpha \quad (5-10)$$

由于 $\tau_i \leq 1$，$\left(\frac{l_i}{l}\right)^\alpha \leq 1$，$\alpha < 1$，$\beta < 1$，且 $\alpha + \beta < 1$，那么就有式

(5-11)。

$$\rho = \sum \frac{\tau_i \theta_i l_i^{\frac{\alpha\beta}{1-\beta}}}{(\sum \tau_i \theta_i l_i^{\frac{\alpha\beta}{1-\beta}})^\beta} \left(\frac{l_i}{l}\right)^\alpha \leqslant \sum (\tau_i \theta_i)^{1-\beta} \leqslant \sum (\theta_i)^{1-\beta} = \sum \varphi_i (T_i = 0)$$

(5-11)

式 (5-11) 表明，随着交易成本衰减到足够小时（$T_i=0$, $\tau_i=1$），全要素生产率明显增长，由此可见草场确权将提高全要素生产率，增加总产出。

第三节 实证分析

一 确权对牧民投资行为的影响分析

（一）畜牧养殖投入

1. 研究设计与模型构建

为对该问题进行实证研究，本书通过参考相关研究后构建实证模型见式 (5-12)、式 (5-13)。

$$\ln livestock\_input_i = \alpha_0 + \alpha_1 policy_k + \alpha_2 \ln income_i + \alpha_3 degradation_i + \sum_k \alpha_4 X_i + \epsilon_i \quad (5-12)$$

其中，$livestock\_input_i$ 为家庭 i 在 2018 年全年对畜牧生产进行的资金投入，$policy_k$ 为家庭 i 所在 k 村 2018 年相应的土地确权政策实施情况，$income_i$ 为家庭 i 在 2018 年的总收入，$degradation_i$ 为家庭 i 在 2018 年自身对所处草原退化情况判断的虚拟变量，X_i 为家庭人口特征控制变量。

$$\ln livestock\_input_i = \alpha_0 + \alpha_1 policytime_k + \alpha_2 \ln income_i + \alpha_3 degradation_i + \sum_k \alpha_4 X_i + \epsilon_i \quad (5-13)$$

其中，$policytime_k$ 为家庭 i 所在 k 村 2018 年相应的土地确权政策实行时长。

2. 数据来源与描述性统计

根据表 5-1 中描述性统计可以发现，样本草原家庭 2018 年平均需要在畜牧养殖中投入 63447 元，草原家庭当年平均总收入为 127097 元，对畜牧养殖投入和草原家庭总收入分别取对数，可以反映数值大小的变化趋势，也可以使研究中的系数更方便观察。在所研究的草原家庭中，将所在村实行具体政策的家庭设置虚拟变量的值为 1，反之为 0，可以在表 5-1 中观察到，所在村实行分畜到户政策的草原家庭占比为 58.5%，所在村实行草地所有权分到村集体政策的草原家庭占比为 57.2%，所在村实行草地承包到联户政策的草原家庭占比为 23.9%，所在村实行草地承包到联户政策的草原家庭占比为 83.6%，各项政策实施的样本在总样本中占比具有一定规模，可以产生统计学上的比较效果。对于各项政策的实行时长，本节计量单位为年，当该值为 0 时说明并未实行该政策，家庭所在村实行分畜到户政策时长的均值为 11.40 年，所在村实行草地所有权分到村集体政策的时长均值为 15.91 年，所在村实行草地承包到联户政策的时长均值为 4.37 年，所在村实行草地承包到户政策的时长均值为 19.28 年，可以发现各项政策的实行时长是有差异的。

我们对于草场退化变量的选取，采用草原家庭在问卷中自身对所在草场的情况判断，如果认为草场在近年发生退化，则对该虚拟变量赋值为 1，相反则赋值为 0，在描述性统计中可以发现 62.9% 的草原家庭认为所在草场存在草场退化情况。家庭规模表示样本草原的家庭规模，从描述性统计中可知样本中草原家庭最大规模为 8 名成员，最少的家庭为 1 人，平均数为 3.66，与一般城市家庭规模相比差异不大。

户主性别为样本家庭户主性别,如果户主为男性就对该虚拟变量赋值为1,如果为女性则赋值为0,描述性统计中显示该虚拟变量的平均值为0.881,说明更多的家庭是男性成员为户主。户主是否为党员表示样本家庭户主是否是中共党员,如果是党员则对该虚拟变量赋值为1,如果不是则赋值为0,平均值为0.195,说明样本中平均每5户家庭中就有1户家庭的户主为中共党员。

表5-1　　土地确权对畜牧养殖投入影响相关描述性统计

变量	均值	标准差	最小值	最大值
畜牧养殖投入(元)	63447	555493	1	7011900
分畜到户(%)	0.585	0.494	0	1
草地所有权分到村(嘎查)集体(%)	0.572	0.496	0	1
草地承包到联户(%)	0.239	0.428	0	1
草地承包到户(%)	0.836	0.371	0	1
分畜到户实行时长(年)	11.40	14.14	0	39
草地所有权分到村(嘎查)集体实行时长(年)	15.91	18.58	0	62
草地承包到联户实行时长(年)	4.37	10.07	0	39
草地承包到户实行时长(年)	19.28	14.02	0	42
草原退化(%)	0.629	0.485	0	1
家庭收入(元)	127097	100022	15000	605304

续　表

变量	均值	标准差	最小值	最大值
家庭规模	3.660	1.326	1	8
户主性别	0.881	0.325	0	1
户主是否为党员	0.195	0.397	0	1

注：观测值为159。

3. 实证研究

通过构建模型进行实证研究，发现各项政策对草原家庭进行畜牧养殖投入分别产生了统计学上显著的影响，并且各多元回归方程具有较好的拟合优度，见表5-2。下面对各项政策的影响进行逐个分析。

在研究分畜到户的政策实施与否对草原家庭畜牧养殖投入的影响中，可以观察到家庭所在村庄如果实施这项政策，会对家庭畜牧养殖投入产生正向影响，系数达到0.59，且结果在5%的标准下通过显著性检验。

在研究草地所有权分到村集体的政策实施与否对草原家庭畜牧养殖投入的影响研究中，可以观察到家庭所在村庄如果实施这项政策，会对家庭畜牧养殖投入产生正向影响，系数达到0.47，且结果在10%的标准下通过显著性检验。

在研究草地承包到联户的政策实施与否对草原家庭畜牧养殖投入的影响研究中，可以观察到家庭所在村庄如果实施这项政策，会对家庭畜牧养殖投入产生正向影响，系数达到0.78，且结果在5%的标准下通过显著性检验。

在研究草地承包到户的政策实施与否对草原家庭畜牧养殖投入的影响研究中，可以观察到家庭所在村庄如果实施这项政策，会对家庭畜牧养殖投入产生正向影响，系数达到 1.49，且结果在 1% 的标准下通过显著性检验。

表 5-2　　　　　　　土地确权对畜牧养殖投入影响研究

变量	ln_畜牧养殖投入			
	(1)	(2)	(3)	(4)
分畜到户	0.59** (2.10)	—	—	—
草地所有权分到村（嘎查）集体	—	0.47* (1.68)	—	—
草地承包到联户	—	—	0.78** (2.49)	—
草地承包到户	—	—	—	1.49*** (3.36)
ln_家庭收入	1.03*** (5.66)	0.93*** (4.96)	0.92*** (4.97)	0.71*** (3.56)
草场退化	1.05*** (3.78)	1.04*** (3.71)	1.05*** (3.79)	0.70** (2.37)
家庭规模	-0.03 (-0.29)	0.02 (0.14)	0.02 (0.23)	0.12 (1.09)
党员户主	0.32 (0.94)	0.39 (1.14)	0.46 (1.36)	0.43 (1.29)
户主性别	-0.74* (-1.69)	-0.52 (-1.23)	-0.38 (-0.89)	-0.61 (-1.47)
Constant	-3.45* (-1.70)	-2.55 (-1.24)	-2.47 (-1.22)	-1.05 (-0.51)

续 表

变量	ln_畜牧养殖投入			
	(1)	(2)	(3)	(4)
Observations	159	159	159	159
R^2	0.259	0.252	0.267	0.290
F	8.859	8.512	9.247	10.36

注：***、**、*分别表示在1%、5%和10%水平下显著，括号中为标准误下计算出的t值。

表5-3中对表5-2中的实证研究使用稳健标准误进行回归，结果发现这四项政策对草原家庭的畜牧养殖投入产生的影响系数与相关显著性与表5-2中一致，可以增强研究结果的可靠性。

表5-3   稳健标准误下土地确权对畜牧养殖投入影响研究

变量	ln_畜牧养殖投入			
	(1)	(2)	(3)	(4)
分畜到户	0.59** (2.05)	—	—	—
草地所有权分到村(嘎查)集体	—	0.47* (1.70)	—	—
草地承包到联户	—	—	0.78*** (2.93)	—
草地承包到户	—	—	—	1.49*** (4.24)
ln_家庭收入	1.03*** (4.79)	0.93*** (4.53)	0.92*** (4.16)	0.71*** (2.81)
草原退化	1.05*** (4.13)	1.04*** (3.98)	1.05*** (3.99)	0.70*** (2.65)

续　表

变量	ln_畜牧养殖投入			
	(1)	(2)	(3)	(4)
家庭规模	-0.03 (-0.34)	0.02 (0.16)	0.02 (0.27)	0.12 (1.31)
户主是否为党员	0.32 (1.22)	0.39 (1.46)	0.46* (1.68)	0.43 (1.64)
户主性别	-0.74 (-1.64)	-0.52 (-1.27)	-0.38 (-0.99)	-0.61* (-1.73)
Constant	-3.45 (-1.46)	-2.55 (-1.12)	-2.47 (-1.05)	-1.05 (-0.41)
Observations	159	159	159	159
R^2	0.259	0.252	0.267	0.290
F	11.69	11.24	15.13	25.58

注：***、**、*分别表示在1%、5%和10%水平下显著，括号中为稳健标准误下计算出的 t 值。

通过构建模型进行实证研究，发现各项政策对草原家庭进行畜牧养殖投入分别产生了统计学上显著的影响，并且各多元回归方程具有较好的拟合优度，见表5-4。下面对各项政策的影响进行逐个分析。

在研究分畜到户的政策实行时长对草原家庭畜牧养殖投入的影响中，可以观察该项政策的实行时长会对家庭畜牧养殖投入产生正向影响，系数达到0.04，且结果在1%的标准下通过显著性检验。

在研究草地所有权分到村集体的政策实行时长对草原家庭畜牧养殖投入的影响中，可以观察该项政策的实行时长会对家庭畜牧养殖投入产生正向影响，系数达到0.02，且结果在5%的标准下通过显著性检验。

在研究草地承包到联户的政策实行时长对草原家庭畜牧养殖投入的影响中，可以观察该项政策的实行时长会对家庭畜牧养殖投入产生正向影响，系数达到0.03，且结果在5%的标准下通过显著性检验。

在研究草地承包到户的政策实行时长对草原家庭畜牧养殖投入的影响中，可以观察该项政策的实行时长会对家庭畜牧养殖投入产生正向影响，系数达到0.03，且结果在1%的标准下通过显著性检验。

表5-4　土地确权政策实行时长对畜牧养殖投入影响研究

变量	ln_畜牧养殖投入			
	(1)	(2)	(3)	(4)
分畜到户实行时长	0.04*** (4.86)	—	—	—
草地所有权分到村(嘎查)集体实行时长	—	0.02** (2.17)	—	—
草地承包到联户实行时长	—	—	0.03** (2.07)	—
草地承包到户实行时长	—	—	—	0.03*** (2.65)
ln_家庭收入	0.93*** (5.38)	0.90*** (4.79)	0.96*** (5.28)	0.80*** (4.13)
草原退化	1.09*** (4.17)	1.12*** (4.04)	1.08*** (3.89)	0.99*** (3.54)
家庭规模	0.01 (0.11)	-0.00 (-0.03)	0.01 (0.07)	0.02 (0.18)

续 表

变量	ln_畜牧养殖投入			
	(1)	(2)	(3)	(4)
户主是否为党员	0.22 (0.67)	0.40 (1.17)	0.45 (1.33)	0.37 (1.11)
户主性别	-0.75* (-1.87)	-0.52 (-1.23)	-0.37 (-0.86)	-0.52 (-1.24)
Constant	-2.51 (-1.32)	-2.17 (-1.05)	-2.94 (-1.45)	-1.34 (-0.64)
Observations	159	159	159	159
R²	0.340	0.261	0.259	0.271
F	13.06	8.926	8.835	9.429

注：***、**、*分别表示在1%、5%和10%水平下显著，括号中为标准误下计算出的 t 值。

（二）牧草和饲料投入

1. 实证模型构建

为对该问题进行实证研究，本书通过参考相关研究后构建实证模型见式（5-14）、式（5-15）。

$$\ln invest_i = \alpha_0 + \alpha_1 policy_k + \alpha_2 \ln income_i + \alpha_3 degradation_i + \sum_k \alpha_4 X_i + \epsilon_i \quad (5-14)$$

其中，$invset_i$ 为家庭 i 在 2018 年全年对牧草和饲料种植进行的资金投入，$policy_k$ 为家庭 i 所在 k 村 2018 年相应的土地确权政策实施情况，$income_i$ 为家庭 i 在 2018 年的总收入，$degradation_i$ 为家庭 i 在 2018 年自身对所处草原退化情况判断的虚拟变量，X_i 为家庭人口特征控制变量。

$$\ln invest_i = \alpha_0 + \alpha_1 policytime_k + \alpha_2 \ln income_i +$$
$$\alpha_3 degradation_i + \sum_k \alpha_4 X_i + \epsilon_i \qquad (5-15)$$

其中，$policytime_k$ 为家庭 i 所在 k 村 2018 年相应的土地确权政策实行时长。

2. 数据来源与描述性统计

根据表 5-5 中描述性统计可以发现，样本草原家庭 2018 年平均需要在牧草和饲料种植的投入为 15784 元，草原家庭当年平均总收入为 124559 元，对牧草和饲料种植的投入和草原家庭总收入分别取对数，可以反映数值大小的变化趋势，也可以使研究中的系数更方便观察。在所研究的草原家庭中，将所在村实行具体政策的家庭设置虚拟变量的值为 1，反之为 0，可以在表 5-5 中观察到，所在村实行分畜到户政策的草原家庭占比为 68.5%，所在村实行草地所有权分到村集体政策的草原家庭占比为 72.2%，所在村实行草地承包到联户政策的草原家庭占比为 26.9%，所在村实行草地承包到户政策的草原家庭占比为 91.7%，各项政策实施的样本在总样本中占比具有一定规模，可以产生统计学上的比较效果。对于各项政策的实行时长，本节计量单位为年，当该值为 0 时说明并未实行该政策，家庭所在村实行分畜到户政策时长的均值为 11.1 年，所在村实行草地所有权分到村集体政策的时长均值为 16.7 年，所在村实行草地承包到联户政策的时长均值为 4.1 年，所在村实行草地承包到户政策的时长均值为 21.3 年，可以发现各项政策的实行时长是有差异的。

我们对于草场退化变量的选取，采用草原家庭在问卷中自身对所在草场的情况判断，如果认为草场在近年发生退化，则对该虚拟变量赋值为 1，相反则赋值为 0，在描述性统计中可以发现 63% 的草原家庭认为所在草场存在草场退化情况。家庭规模表示样本草原的家庭规模，从描述性统计中可知样本中草原家庭最大规模为 7 名成员，最少的家庭为 1 人，平均数为 3.63，与一般城市家庭规模相比差异不大。户主性别为样本家庭户主性别，如果户主为男性就对该虚拟变量赋值为 1，如果为女性则赋值为 0，描述性统计中显示该虚拟变量的平均值为 0.92，说明更多的家庭是男性成员为户主。户主是否为党员表示样本家庭户主是否是中共党员，如果是党员则对该虚拟变量赋值为 1，如果不是则赋值为 0，平均值为 0.15，说明样本中平均每百户家庭中就有 15 户家庭的户主为中共党员。

表 5-5 草场确权对牧草和饲料种植的投入的影响研究描述性统计

变量	均值	标准差	最小值	最大值
牧草和饲料种植的投入(元)	15784	18515	1050	144200
分畜到户(%)	0.685	0.467	0	1
草地所有权分到村(嘎查)集体(%)	0.722	0.450	0	1
草地承包到联户(%)	0.269	0.445	0	1
草地承包到户(%)	0.917	0.278	0	1
分畜到户实行时长(年)	11.1	11.90	0	37
草地所有权分到村(嘎查)集体实行时长(年)	16.7	14.50	0	39
草地承包到联户实行时长(年)	4.1	8.105	0	27
草地承包到户实行时长(年)	21.3	11.66	0	42

续　表

变量	均值	标准差	最小值	最大值
草原退化(%)	0.63	0.485	0	1
家庭收入(元)	124559	89095	15000	428350
家庭规模	3.63	1.181	1	7
户主性别	0.92	0.278	0	1
户主是否为党员	0.15	0.357	0	1

注：观测值为108。

3. 实证研究

通过构建模型进行实证研究，发现各项政策对草原家庭进行牧草和饲料种植的投入的各多元回归方程具有较好的拟合优度，见表5-6。下面对各项政策的影响进行逐个分析。首先在研究分畜到户的政策实施与否对草原家庭牧草和饲料种植的投入的影响研究中，可以观察到家庭所在村庄如果实施这项政策，会对家庭牧草和饲料种植的投入产生负向影响，系数达到-0.58，且结果在1%的标准下通过显著性检验。

在研究草地所有权分到村集体的政策实施与否对草原家庭牧草和饲料种植的投入的影响研究中，可以观察到家庭所在村庄如果实施这项政策，会对家庭牧草和饲料种植的投入产生负向影响，系数达到-0.74，且结果在1%的标准下通过显著性检验。

在研究草地承包到户的政策实施与否对草原家庭牧草和饲料种植的投入的影响研究中，可以观察到家庭所在村庄如果实施这项政策，会对家庭牧草和饲料种植的投入产生负向影响，系数达到-1.36，且结果在1%的标准下通过显著性检验。

研究并未发现草地承包到联户政策实施情况会对草原家庭牧草和饲料种植投入产生显著影响。

表 5-6　土地确权对牧草和饲料种植的投入影响研究

变量	\multicolumn{4}{c}{ln_牧草和饲料种植的投入}
	(1)	(2)	(3)	(4)
分畜到户	-0.58*** (-3.04)	—	—	—
草地所有权分到村(嘎查)集体	—	-0.74*** (-3.91)	—	—
草地承包到联户	—	—	-0.25 (-1.28)	—
草地承包到户	—	—	—	-1.36*** (-3.74)
ln_家庭收入	0.06 (0.53)	0.11 (0.96)	0.11 (0.89)	0.25** (2.05)
草原退化	-0.70*** (-3.96)	-0.76*** (-4.49)	-0.81*** (-4.47)	-0.51*** (-2.77)
家庭规模	0.14* (1.92)	0.09 (1.16)	0.12 (1.51)	0.03 (0.41)
户主是否为党员	-0.07 (-0.28)	-0.18 (-0.78)	-0.19 (-0.79)	-0.29 (-1.24)
户主性别	-0.22 (-0.70)	-0.17 (-0.57)	-0.44 (-1.40)	-0.11 (-0.36)
Constant	8.99*** (6.62)	8.80*** (6.70)	8.31*** (6.09)	7.89*** (5.93)
Observations	108	108	108	108
R^2	0.303	0.340	0.252	0.332
F	7.323	8.657	5.657	8.359

注：***、**、*分别表示在1%、5%和10%水平下显著，括号中为标准误下计算出的t值。

表5-7中对表5-6中的实证研究使用稳健标准误进行回归，结果发现这四项政策对草原家庭的牧草和饲料种植的投入产生的影响系数与相关显著性与表5-6中一致，可以增强研究结果的可靠性。

表5-7 稳健标准误下土地确权对牧草和饲料种植的投入影响研究

变量	ln_牧草和饲料种植的投入			
	(1)	(2)	(3)	(4)
分畜到户	-0.58*** (-3.69)	—	—	—
草地所有权分到村(嘎查)集体	—	-0.74*** (-5.22)	—	—
草地承包到联户	—	—	-0.25 (-1.42)	—
草地承包到户	—	—	—	-1.36*** (-4.93)
ln_家庭收入	0.06 (0.64)	0.11 (1.11)	0.11 (1.05)	0.25** (2.08)
草原退化	-0.70*** (-4.21)	-0.76*** (-4.67)	-0.81*** (-4.50)	-0.51*** (-2.85)
家庭规模	0.14* (1.95)	0.09 (1.12)	0.12 (1.62)	0.03 (0.39)
户主是否为党员	-0.07 (-0.27)	-0.18 (-0.73)	-0.19 (-0.76)	-0.29 (-1.17)
户主性别	-0.22 (-0.74)	-0.17 (-0.68)	-0.44 (-1.38)	-0.11 (-0.46)
Constant	8.99*** (7.33)	8.80*** (7.16)	8.51*** (6.69)	7.89*** (6.16)

续 表

变量	ln_牧草和饲料种植的投入			
	（1）	（2）	（3）	（4）
Observations	108	108	108	108
R²	0.303	0.340	0.252	0.332
F	7.087	9.179	6.557	17.46

注：***、**、*分别表示在1%、5%和10%水平下显著，括号中为稳健标准误下计算出的 t 值。

通过构建模型进行实证研究，见表5-8。下面对各项政策的影响进行总体分析。发现分畜到户的政策实行时长对草原家庭牧草和饲料种植的投入产生显著的影响，其余政策的实行时长不会对家庭牧草和饲料种植的投入产生显著影响。

在研究分畜到户的政策实行时长对草原家庭牧草和饲料种植的投入的影响研究中，可以观察该项政策的实行时长会对家庭牧草和饲料种植的投入产生负向影响，系数达到 -0.0244，且结果在1%的标准下通过显著性检验。

表5-8 土地确权政策实行时长对牧草和饲料种植的投入影响研究

变量	ln_牧草和饲料种植的投入			
	（1）	（2）	（3）	（4）
分畜到户实行时长	-0.0244*** （3.36）	—	—	—
草地所有权分到村（嘎查）集体实行时长	—	-0.0073 （-1.22）	—	—
草地承包到联户实行时长	—	—	0.0008 （0.07）	—

续　表

变量	ln_牧草和饲料种植的投入			
	(1)	(2)	(3)	(4)
草地承包到户实行时长	—	—	—	-0.0084 (-1.08)
ln_家庭收入	0.1145 (0.97)	0.1080 (0.88)	0.1031 (0.83)	0.1338 (1.05)
草原退化	-0.8594*** (-4.96)	-0.7673*** (-4.24)	-0.7873*** (-4.26)	-0.7454*** (-4.03)
家庭规模	0.1012 (1.35)	0.1336* (1.72)	0.1332* (1.69)	0.1251 (1.60)
户主是否为党员	-0.0815 (-0.35)	-0.1841 (-0.75)	-0.1607 (-0.65)	-0.1732 (-0.71)
户主性别	-0.2241 (-0.72)	-0.4488 (-1.43)	-0.4931 (-1.56)	-0.4552 (-1.44)
Constant	8.5391*** (6.39)	8.5100*** (6.09)	8.4923*** (5.98)	8.2926*** (5.86)
Observations	108	108	108	108
R^2	0.316	0.250	0.239	0.248
F	7.767	5.626	5.301	5.553

注：***、**、*分别表示在1%、5%和10%水平下显著，括号中为标准误下计算出的 t 值。

（三）总投入

1. 研究设计与模型构建

为对该问题进行实证研究，本书通过参考相关研究后构建实证模

型见式 (5-16)、式 (5-17)。

$$\ln stock\_input_i = \alpha_0 + \alpha_1 policy_k + \alpha_2 \ln income_i +$$
$$\alpha_3 degredation_i + \sum_k \alpha_4 X_i + \epsilon_i \quad (5-16)$$

其中，$stock\_input_i$ 为家庭 i 在 2018 年全年对生产进行的资金投入，$policy_k$ 为家庭 i 所在 k 村 2018 年相应的土地确权政策实施情况，$income_i$ 为家庭 i 在 2018 年的总收入，$degredation_i$ 为家庭 i 在 2018 年自身对所处草原退化情况判断的虚拟变量，X_i 为家庭人口特征控制变量。

$$\ln stock\_input_i = \alpha_0 + \alpha_1 policytime_k + \alpha_2 \ln income_i +$$
$$\alpha_3 degredation_i + \sum_k \alpha_4 X_i + \epsilon_i \quad (5-17)$$

其中，$policytime_k$ 为家庭 i 所在 k 村 2018 年相应的土地确权政策实行时长。

2. 数据来源与描述性统计

根据表 5-9 中描述性统计可以发现，样本草原家庭 2018 年平均需要在生产中投入 62510 元，草原家庭当年平均总收入为 114742 元，对总投入和草原家庭总收入分别取对数，可以反映数值大小的变化趋势，也可以使研究中的系数更方便观察。在所研究的草原家庭中，将所在村实行具体政策的家庭设置虚拟变量的值为 1，反之为 0，可以在表 5-9 中观察到，所在村实行分畜到户政策的草原家庭占比为 56.9%，所在村实行草地所有权分到村集体政策的草原家庭占比为 52.6%，所在村实行草地承包到联户政策的草原家庭占比为 24.4%，所在村实行草地承包到联户政策的草原家庭占比为 74.6%，各项政策实施的样本在总样本中占比具有一定规模，可以产生统计学上的比较效果。对于各项政策的实行时长，本节计量单位为年，当该值为 0 时说明并未实行该政策，家庭所在村实行分畜到户政策时长的均值为10.59年，所在村实行草地所有权分到村集体政策的时长均值为13.91年，所在村实行草地承包到联户政策的时长均值为4.26年，所在村实行草地承包到户政策的时长均值为17.18年，可以发现各项政策的实行时长是有差异的。

我们对于草场退化变量的选取，采用草原家庭在问卷中自身对所在草场的情况判断，如果认为草场在近年发生退化，则对该虚拟变量赋值为1，相反则赋值为0，在描述性统计中可以发现53.6%的草原家庭认为所在草场存在草场退化情况。家庭规模表示样本草原的家庭规模，从描述性统计中可知样本中草原家庭最大规模为10名成员，最少的家庭为1人，平均数为3.708，与一般城市家庭规模相比差异不大。户主性别为样本家庭户主性别，如果户主为男性就对该虚拟变量赋值为1，如果为女性则赋值为0，描述性统计中显示该虚拟变量的平均值为0.866，说明更多的家庭是男性成员成为户主。户主是否为党员表示样本家庭户主是否是中共党员，如果是党员则对该虚拟变量赋值为1，如果不是则赋值为0，平均值为0.17，说明样本中平均每百户家庭中就有17户家庭的户主为中共党员。

表5-9　　　　土地确权对总投入影响相关描述性统计

变量	均值	标准差	最小值	最大值
总投入(元)	62510	484312	1	7013800
分畜到户(%)	0.569	0.496	0	1
草地所有权分到村(嘎查)集体(%)	0.526	0.501	0	1
草地承包到联户(%)	0.244	0.431	0	1
草地承包到户(%)	0.746	0.436	0	1

续 表

变量	均值	标准差	最小值	最大值
分畜到户实行时长(年)	10.59	13.35	0	39
草地所有权分到村(嘎查)集体实行时长(年)	13.91	17.33	0	62
草地承包到联户实行时长(年)	4.26	9.607	0	39
草地承包到户实行时长(年)	17.18	14.08	0	42
草原退化(%)	0.536	0.500	0	1
家庭收入(元)	114742	96874	8000	605304
家庭规模	3.708	1.361	1	10
户主性别	0.866	0.341	0	1
户主是否为党员	0.17	0.379	0	1

注：观测值为209。

3. 实证研究

通过构建模型进行实证研究，发现各多元回归方程具有较好的拟合优度，见表5-10。下面对各项政策的影响进行逐个分析。

在研究分畜到户的政策实施与否对草原家庭总投入的影响中，可以观察到家庭所在村庄如果实施这项政策，会对家庭总投入产生正向影响，系数达到0.50，且结果在5%的标准下通过显著性检验。

在研究草地所有权分到村集体的政策实施与否对草原家庭总投入的影响中，可以观察到家庭所在村庄如果实施这项政策，会对家庭总投入产生正向影响，系数达到0.61，且结果在1%的标准下通过显著性检验。

在研究草地承包到联户的政策实施与否对草原家庭总投入的影

响中,可以观察到家庭所在村庄如果实施这项政策,会对家庭总投入产生正向影响,系数达到 0.55,且结果在 5% 的标准下通过显著性检验。

在研究草地承包到户的政策实施与否对草原家庭总投入的影响中,未观察到家庭所在村庄如果实施这项政策,会对家庭总投入产生显著影响。

表 5-10　　　　　　　　土地确权对总投入影响研究

变量	ln_总投入			
	(1)	(2)	(3)	(4)
分畜到户	0.50** (2.49)	—	—	—
草地所有权分到村(嘎查)集体	—	0.61*** (3.02)	—	—
草地承包到联户	—	—	0.55** (2.38)	—
草地承包到户	—	—	—	0.48 (1.63)
ln_家庭收入	0.70*** (5.88)	0.63*** (5.19)	0.69*** (5.73)	0.61*** (4.41)
草原退化	0.27 (1.38)	0.24 (1.23)	0.27 (1.34)	0.21 (0.98)
家庭规模	0.12 (1.63)	0.16** (2.17)	0.15** (2.00)	0.17** (2.17)
户主是否为党员	0.11 (0.43)	0.17 (0.65)	0.19 (0.75)	0.17 (0.68)
户主性别	-0.74** (-2.48)	-0.68** (-2.34)	-0.49* (-1.69)	-0.67** (-2.24)
Constant	1.42 (1.09)	1.99 (1.52)	1.42 (1.09)	2.21 (1.55)

续表

变量	ln_总投入			
	(1)	(2)	(3)	(4)
Observations	209	209	209	209
R²	0.231	0.241	0.229	0.217
F	10.10	10.71	9.988	9.354

注：***、**、* 分别表示在1%、5%和10%水平下显著，括号中为标准误下计算出的 t 值。

表5-11中对表5-10中的实证研究使用稳健标准误进行回归，结果发现这四项政策对草原家庭的总投入产生的影响系数与表5-10中一致，并且只有草地承包到联户政策实施情况对总投入的影响系数显著程度发生改变，通过了1%的显著性检验，可以增强研究结果的可靠性。

表5-11　　稳健标准误下土地确权对总投入影响研究

变量	ln_总投入			
	(1)	(2)	(3)	(4)
分畜到户	0.50** (2.26)	—	—	—
草地所有权分到村(嘎查)集体	—	0.61*** (2.74)	—	—
草地承包到联户	—	—	0.55*** (3.02)	—
草地承包到户	—	—	—	0.48 (1.63)
ln_家庭收入	0.70*** (5.71)	0.63*** (5.33)	0.69*** (5.53)	0.61*** (4.41)

续 表

变量	ln_总投入			
	(1)	(2)	(3)	(4)
草原退化	0.27 (1.33)	0.24 (1.17)	0.27 (1.31)	0.21 (0.98)
家庭规模	0.12** (2.19)	0.16*** (2.88)	0.15*** (2.67)	0.17** (2.17)
户主是否为党员	0.11 (0.55)	0.17 (0.81)	0.19 (0.92)	0.17 (0.68)
户主性别	-0.74*** (-2.66)	-0.68*** (-2.62)	-0.49** (-2.00)	-0.67** (-2.24)
Constant	1.42 (1.07)	1.99 (1.55)	1.42 (1.05)	2.21 (1.55)
Observations	209	209	209	209
R^2	0.231	0.241	0.229	0.217
F	12.28	11.12	10.96	9.354

注：***、**、*分别表示在1%、5%和10%水平下显著，括号中为稳健标准误下计算出的 t 值。

通过构建模型进行实证研究，发现各多元回归方程具有较好的拟合优度，见表5-12。下面对各项政策的影响进行逐个分析。

在研究分畜到户的政策实行时长对草原家庭总投入的影响中，可以观察该项政策的实行时长会对家庭总投入产生正向影响，系数达到0.03，且结果在1%的标准下通过显著性检验。

在研究草地所有权分到村集体的政策实行时长对草原家庭总投入的影响中，可以观察该项政策的实行时长会对家庭总投入产生正向影响，系数达到0.01，且结果在5%的标准下通过显著性检验。

第五章 确权颁证对牧民投资行为影响的分析

在研究草地承包到联户的政策实行时长对草原家庭总投入的影响中，可以观察该项政策的实行时长会对家庭总投入产生正向影响，系数达到 0.02，且结果在 5% 的标准下通过显著性检验。

在研究草地承包到户的政策实行时长对草原家庭总投入的影响中，并未发现该项政策的实行时长会对家庭总投入产生显著影响。

表 5-12　　土地确权政策实行时长对总投入影响研究

变量	ln_总投入			
	(1)	(2)	(3)	(4)
分畜到户实行时长	0.03*** (3.45)	—	—	—
草地所有权分到村(嘎查)集体实行时长	—	0.01** (2.57)	—	—
草地承包到联户实行时长	—	—	0.02** (2.17)	—
草地承包到户实行时长	—	—	—	0.01 (1.19)
ln_家庭收入	0.64*** (5.36)	0.63*** (5.13)	0.70*** (5.90)	0.65*** (4.85)
草原退化	0.35* (1.85)	0.33* (1.68)	0.30 (1.55)	0.32 (1.58)
家庭规模	0.14* (1.96)	0.14* (1.91)	0.14* (1.91)	0.14* (1.90)
户主是否为党员	0.08 (0.30)	0.14 (0.56)	0.19 (0.74)	0.14 (0.53)
户主性别	-0.73** (-2.52)	-0.62** (-2.15)	-0.53* (-1.81)	-0.60** (-2.05)

续 表

变量	ln_总投入			
	(1)	(2)	(3)	(4)
Constant	2.00 (1.54)	2.08 (1.56)	1.28 (0.98)	1.93 (1.37)
Observations	209	209	209	209
R^2	0.251	0.232	0.225	0.213
F	11.30	10.18	9.781	9.092

注：***、**、*分别表示在1%、5%和10%水平下显著，括号中为标准误下计算出的 t 值。

（四）放牧强度

1. 研究设计与模型构建

为对该问题进行实证研究，本书通过参考相关研究后构建实证模型见式（5-18）、式（5-19）。

$$graze\_num_i = \alpha_0 + \alpha_1 policy_k + \alpha_2 \ln income_i + \\ \alpha_3 degredation_i + \sum_k \alpha_4 X_i + \epsilon_i \quad (5-18)$$

其中，$graze\_num_i$ 为家庭 i 在 2018 年全年单位草场放牧数量，$policy_k$ 为家庭 i 所在 k 村 2018 年相应的土地确权政策实施情况，$income_i$ 为家庭 i 在 2018 年的总收入，$degredation_i$ 为家庭 i 在 2018 年自身对所处草原退化情况判断的虚拟变量，X_i 为家庭人口特征控制变量。

$$graze\_num_i = \alpha_0 + \alpha_1 policytime_k + \alpha_2 \ln income_i + \\ \alpha_3 degredation_i + \sum_k \alpha_4 X_i + \epsilon_i \quad (5-19)$$

其中，$policytime_k$ 为家庭 i 所在 k 村 2018 年相应的土地确权政策实行时长。

2. 数据来源与描述性统计

本章利用 2019 年内蒙古大学经济管理学院大学生"三下乡"农户牧户调查问卷搜集到的结果进行研究，本次调查涉及内蒙古自治区内 8 个盟市中的 45 个嘎查（村），通过对受访户进行问卷调查，得到研究数据，由于受访户个人或者实际情况限制，样本存在缺失值，在具体研究中通过过滤问卷的方法使样本具有可研究性。具体描述性统计见表 5-13。

表 5-13　土地确权对单位草场放牧数量影响相关描述性统计

变量	均值	标准差	最小值	最大值
单位草场放牧数量(头)	1.660	10.84	0	130
分畜到户(%)	0.635	0.483	0	1
草地所有权分到村(嘎查)集体(%)	0.619	0.487	0	1
草地承包到联户(%)	0.298	0.459	0	1
草地承包到户(%)	0.917	0.276	0	1
分畜到户实行时长(年)	11.61	13.68	0	39
草地所有权分到村(嘎查)集体实行时长(年)	16.40	17.62	0	62
草地承包到联户实行时长(年)	4.923	10.17	0	39
草地承包到户实行时长(年)	21.30	12.23	0	42
草原退化(%)	0.729	0.446	0	1
家庭收入(元)	135151	108791	19180	725600

续　表

变量	均值	标准差	最小值	最大值
家庭规模	3.492	1.223	1	7
户主性别	0.901	0.300	0	1
户主是否为党员	0.199	0.400	0	1

注：观测值为181。

在过滤掉无效问卷回答的情况下，有181个草原家庭样本进入该研究阶段，根据表5-13中描述性统计可以发现，样本草原家庭2018年平均单位草场放牧数量为1.66头，草原家庭当年平均总收入为135151元，对草原家庭总收入分别取对数，可以反映数值大小的变化趋势，也可以使研究中的系数更方便观察。在所研究的草原家庭中，将所在村实行具体政策的家庭设置虚拟变量的值为1，反之为0，可以在表5-13中观察到，所在村实行分畜到户政策的草原家庭占比为63.5%，所在村实行草地所有权分到村集体政策的草原家庭占比为61.9%，所在村实行草地承包到联户政策的草原家庭占比为29.8%，所在村实行草地承包到联户政策的草原家庭占比为91.7%，各项政策实施的样本在总样本中占比具有一定规模，可以产生统计学上的比较效果。对于各项政策的实行时长，本节计量单位为年，当该值为0时说明并未实行该政策，家庭所在村实行分畜到户政策时长的均值为11.61年，所在村实行草地所有权分到村集体政策的时长均值为16.40年，所在村实行草地承包到联户政策的时长均值为4.923年，所在村实行草地承包到户政策的时长均值为21.30年，可以发现各项政策的实行时长是有差异的。

我们对于草场退化变量的选取，采用草原家庭在问卷中自身对所在草场的情况判断，如果认为草场在近年发生退化，则对该虚拟变量赋值为1，相反则赋值为0，在描述性统计中可以发现72.9%的草原家庭认为所在草场存在草场退化情况。家庭规模表示样本草原的家庭规模，从描述性统计中可知样本中草原家庭最大规模为7名成员，最少的家庭为1人，平均数为3.492，与一般城市家庭规模相比差异不大。户主性别为样本家庭户主性别，如果户主为男性就对该虚拟变量赋值为1，如果为女性则赋值为0，描述性统计中显示该虚拟变量的平均值为0.901，说明更多的家庭是男性成员为户主。户主是否为党员表示样本家庭户主是否是中共党员，如果是党员则对该虚拟变量赋值为1，如果不是则赋值为0，平均值为0.199，说明样本中大约平均每5户家庭中就有1户家庭的户主为中共党员。

3. 实证研究

通过构建模型进行实证研究，发现各多元回归方程具有较好的拟合优度，见表5-14。下面对各项政策的影响进行逐个分析。

在研究分畜到户的政策实施与否对草原家庭单位草场放牧数量的影响研究中，可以观察到家庭所在村庄如果实施这项政策，会对家庭单位草场放牧数量产生负向影响，系数达到-4.73，且结果在1%的标准下通过显著性检验。

在研究草地所有权分到村集体的政策实施与否对草原家庭单位草场放牧数量的影响研究中，可以观察到家庭所在村庄如果实施这项政策，会对家庭单位草场放牧数量产生负向影响，系数达到-4.15，且结果在5%的标准下通过显著性检验。

在研究草地承包到户的政策实施与否对草原家庭单位草场放牧数量的影响研究中，可以观察到家庭所在村庄如果实施这项政策，会对家庭单位草场放牧数量产生负向影响，系数达到-19.47，且结果在1%的标准下通过显著性检验。

在研究草地承包到联户的政策实施与否对草原家庭单位草场放牧数量的影响研究中,未观察到家庭所在村庄如果实施这项政策会对家庭单位草场放牧数量产生显著影响。

表 5-14　　　　土地确权对单位草场放牧数量影响研究

变量	单位草场放牧数量			
	(1)	(2)	(3)	(4)
分畜到户	-4.73*** (-2.89)	—	—	—
草地所有权分到村(嘎查)集体	—	-4.15** (-2.57)	—	—
草地承包到联户	—	—	-2.15 (-1.19)	—
草地承包到户	—	—	—	-19.74*** (-7.36)
ln_家庭收入	-2.57** (-2.30)	-2.22** (-1.99)	-2.24** (-1.98)	-1.15 (-1.14)
草原退化	-3.87** (-2.15)	-4.15** (-2.29)	-3.98** (-2.16)	-3.29** (-2.04)
家庭规模	1.59** (2.38)	1.36** (2.04)	1.37** (2.02)	0.93 (1.56)
户主是否为党员	0.11 (0.06)	-0.29 (-0.14)	-0.57 (-0.28)	-0.02 (-0.01)
户主性别	2.27 (0.85)	2.32 (0.86)	0.99 (0.35)	7.00*** (2.83)
Constant	29.50** (2.27)	26.13** (2.02)	25.53* (1.94)	25.86** (2.25)

续 表

变量	单位草场放牧数量			
	(1)	(2)	(3)	(4)
Observations	181	181	181	181
R^2	0.101	0.093	0.066	0.282
F	3.274	2.963	2.044	11.39

注：***、**、* 分别表示在1%、5%和10%水平下显著，括号中为标准误下计算出的 t 值。

表 5-15 中对表 5-14 中的实证研究使用稳健标准误进行回归，结果发现这四项政策对草原家庭的单位草场放牧数量产生的影响系数与表 5-14 中一致，并且草地承包到联户政策实施情况对单位草场放牧数量的影响系数显著程度发生改变，通过了10%的显著性检验，可以增强研究结果的可靠性。

表 5-15　稳健标准误下土地确权对单位草场放牧数量影响研究

变量	单位草场放牧数量			
	(1)	(2)	(3)	(4)
分畜到户	-4.73* (-1.93)	—	—	—
草地所有权分到村(嘎查)集体	—	-4.15* (-1.95)	—	—
草地承包到联户	—	—	-2.15* (-1.80)	—
草地承包到户	—	—	—	-19.74** (-2.34)

续 表

变量	单位草场放牧数量			
	(1)	(2)	(3)	(4)
ln_家庭收入	-2.57* (-1.82)	-2.22* (-1.77)	-2.24* (-1.74)	-1.15 (-1.60)
草原退化	-3.87 (-1.39)	-4.15 (-1.42)	-3.98 (-1.37)	-3.29 (-1.51)
家庭规模	1.59 (1.17)	1.36 (1.07)	1.37 (1.06)	0.93 (0.95)
户主是否为党员	0.11 (0.10)	-0.29 (-0.25)	-0.57 (-0.45)	-0.02 (-0.03)
户主性别	2.27 (1.52)	2.32* (1.69)	0.99 (1.25)	7.00* (1.95)
Constant	29.50* (1.93)	26.13* (1.89)	25.53* (1.84)	25.86** (2.23)
Observations	181	181	181	181
R^2	0.101	0.093	0.066	0.282
F	0.970	0.946	0.800	2.194

注：***、**、* 分别表示在1%、5%和10%水平下显著，括号中为稳健标准误下计算出的 t 值。

通过构建模型进行实证研究，发现各多元回归方程具有较好的拟合优度，见表5-16。下面对各项政策的影响进行逐个分析。

在研究分畜到户的政策实行时长对草原家庭单位草场放牧数量的影响中，可以观察该项政策的实行时长会对家庭单位草场放牧数量产生负向影响，系数达到-0.15，且结果在5%的标准下通过显著性检验。

在研究草地所有权分到村集体的政策实行时长对草原家庭单位草

场放牧数量的影响研究中,可以观察该项政策的实行时长会对家庭单位草场放牧数量产生负向影响,系数达到0.10,且结果在5%的标准下通过显著性检验。

在研究草地承包到户的政策实行时长对草原家庭单位草场放牧数量的影响中,可以观察该项政策的实行时长会对家庭单位草场放牧数量产生负向影响,系数达到-0.24,且结果在1%的标准下通过显著性检验。

在研究草地承包到联户的政策实行时长对草原家庭单位草场放牧数量的影响中,并未发现该项政策的实行时长会对家庭单位草场放牧数量产生显著影响。

表5-16　土地确权政策实行时长对单位草场放牧数量影响研究

变量	单位草场放牧数量			
	(1)	(2)	(3)	(4)
分畜到户实行时长	-0.15** (-2.47)	—	—	—
草地所有权分到村(嘎查)集体实行时长	—	-0.10** (-2.16)	—	—
草地承包到联户实行时长	—	—	-0.09 (-1.17)	—
草地承包到户实行时长	—	—	—	-0.24*** (-3.68)
ln_家庭收入	-2.40** (-2.14)	-2.04* (-1.81)	-2.33** (-2.05)	-1.38 (-1.24)
草原退化	-4.94*** (-2.66)	-4.53** (-2.47)	-4.07** (-2.21)	-4.60** (-2.58)
家庭规模	1.50** (2.25)	1.48** (2.21)	1.39** (2.07)	1.46** (2.24)

续 表

变量	单位草场放牧数量			
	(1)	(2)	(3)	(4)
户主是否为党员	0.16 (0.08)	-0.29 (-0.14)	-0.53 (-0.26)	0.09 (0.05)
户主性别	2.60 (0.97)	1.92 (0.71)	1.52 (0.56)	2.38 (0.91)
Constant	27.01** (2.08)	23.30* (1.80)	25.80* (1.95)	18.85 (1.48)
Observations	181	181	181	181
R^2	0.090	0.083	0.066	0.126
F	2.874	2.621	2.034	4.188

注：***、**、*分别表示在1%、5%和10%水平下显著，括号中为标准误下计算出的 t 值。

二 颁证对牧民投资行为的影响分析

（一）畜牧养殖投入

1. 研究设计与模型构建

为对该问题进行实证研究，本书通过参考相关研究后构建实证模型见式（5-20）、式（5-21）。

$$\ln livestock\_input_i = \alpha_0 + \alpha_1 certi_k + \alpha_2 \ln income_i + \\ \alpha_3 degradation_i + \sum_k \alpha_4 X_i + \epsilon_i \quad (5-20)$$

其中，$livestock\_input_i$ 为家庭 i 在2018年全年对畜牧生产进行的资金投入，$certi_k$ 为家庭 i 所在 k 村 2018 年相应的颁证政策的实施情况，$income_i$ 为家庭 i 在 2018 年的总收入，$degredation_i$ 为家庭 i 在 2018 年自身对所处草原退化情况判断的虚拟变量，X_i 为家庭人口特征控制变量。

$$\ln livestock\_input_i = \alpha_0 + \alpha_1 certitime_k + \alpha_2 \ln income_i + \alpha_3 degredation_i + \sum_k \alpha_4 X_i + \epsilon_i \quad (5-21)$$

其中，$certitime_k$ 为家庭 i 所在 k 村 2018 年相应的颁证政策实行时长。

2. 数据来源与描述性统计

本节利用 2019 年内蒙古大学经济管理学院大学生"三下乡"农户牧户调查问卷搜集到的结果进行研究，具体描述性统计见表 5-17。

表 5-17 颁证对畜牧养殖投入影响相关描述性统计

变量	均值	标准差	最小值	最大值
畜牧养殖投入(元)	62762	552045	1	7011900
给村(嘎查)集体发放草地所有权证(%)	0.422	0.495	0	1
给联户发放草地承包经营权证(%)	0.193	0.396	0	1
给各户发放草地承包经营权证(%)	0.776	0.418	0	1
给村(嘎查)集体发放草地所有权证实行时长(年)	5.64	10.75	0	36
给联户发放草地承包经营权证实行时长(年)	1.05	5.062	0	29
给各户发放草地承包经营权证实行时长(年)	8.85	10.05	0	29

续　表

变量	均值	标准差	最小值	最大值
草原退化(%)	0.621	0.487	0	1
家庭收入(元)	127056	99466	15000	605304
家庭规模	3.68	1.334	1	8
户主性别	0.88	0.324	0	1
户主是否为党员	0.19	0.396	0	1

注：观测值为161。

在过滤掉无效问卷回答的情况下，有161个草原家庭样本进入该研究阶段，根据表5-17中描述性统计可以发现，样本草原家庭2018年平均需要在畜牧养殖中投入62762元，草原家庭当年平均总收入为127056元，对畜牧养殖投入和草原家庭总收入分别取对数，可以反映数值大小的变化趋势，也可以使研究中的系数更方便观察。在所研究的草原家庭中，将所在村实行具体颁证政策的家庭设置虚拟变量的值为1，反之为0，可以在表5-17中观察到，所在村给村（嘎查）集体发放草地所有权证的草原家庭占比为42.2%，所在村给各户发放草地承包经营权证的草原家庭占比为19.3%，所在村给各户发放草地承包经营权证的草原家庭占比为77.6%，各项政策实施的样本在总样本中占比具有一定规模，可以产生统计学上的比较效果。对于各项政策的实行时长，本节计量单位为年，当该值为0时说明并未实行该政策，家庭所在村给村（嘎查）集体发放草地所有权证实行时长的均值为5.64年，所在村给联户发放草地承包经营权证实行时长均值为1.05年，所在村给各户发放草地承包经营权证实行时长均值为8.85年，可以发现各项政策的实行时长是有差异的。

我们对于草场退化变量的选取，采用草原家庭在问卷中自身对所在草场的情况判断，如果认为草场在近年发生退化，则对该虚拟变量赋值为 1，相反则赋值为 0，在描述性统计中可以发现 62.1% 的草原家庭认为所在草场存在草场退化情况。家庭规模表示样本草原的家庭规模，从描述性统计中可知样本中草原家庭最大规模为 8 名成员，最少的家庭为 1 人，平均数为 3.68，与一般城市家庭规模相比差异不大。户主性别为样本家庭户主性别，如果户主为男性就对该虚拟变量赋值为 1，如果为女性则赋值为 0，描述性统计中显示该虚拟变量的平均值为 0.88，说明更多的家庭是男性成员为户主。户主是否为党员表示样本家庭户主是否是中共党员，如果是党员则对该虚拟变量赋值为 1，如果不是则赋值为 0，平均值为 0.19，说明样本中平均每 5 户家庭中就有 1 户家庭的户主为中共党员。

3. 实证研究

通过构建模型进行实证研究，发现各多元回归方程具有较好的拟合优度，见表 5-18。下面对各项政策的影响进行逐个分析。给村（嘎查）集体发放草地所有权证的实施情况未对草原家庭畜牧养殖投入产生显著影响。

在研究给联户发放草地承包经营权证实施情况对草原家庭畜牧养殖投入的影响中，可以观察到家庭所在村庄如果实施这项政策，会对家庭畜牧养殖投入产生正向影响，系数达到 0.61，且结果在 10% 的标准下通过显著性检验。

在研究给各户发放草地承包经营权证实施情况对草原家庭畜牧养殖投入的影响中，可以观察到家庭所在村庄如果实施这项政策，会对家庭畜牧养殖投入产生正向影响，系数达到 1.26，且结果在 1% 的标准下通过显著性检验。

表 5-18　　　　土地确权对畜牧养殖投入影响研究

变量	ln_畜牧养殖投入		
	(1)	(2)	(3)
给村(嘎查)集体发放草地所有权证	0.10 (0.37)	—	—
给联户发放草地承包经营权证	—	0.61* (1.85)	—
给各户发放草地承包经营权证	—	—	1.26*** (3.37)
ln_家庭收入	0.99*** (5.25)	1.00*** (5.50)	0.73*** (3.79)
草原退化	1.07*** (3.85)	1.10*** (4.00)	0.71** (2.44)
家庭规模	0.00 (0.02)	-0.00 (-0.03)	0.09 (0.89)
户主是否为党员	0.38 (1.11)	0.37 (1.09)	0.32 (0.96)
户主性别	-0.49 (-1.15)	-0.46 (-1.08)	-0.54 (-1.32)
Constant	-2.95 (-1.42)	-3.19 (-1.58)	-1.06 (-0.51)
Observations	161	161	161
R^2	0.237	0.253	0.289
F	7.955	8.672	10.41

注：***、**、* 分别表示在1%、5%和10%水平下显著，括号中为标准误下计算出的 t 值。

表 5-19 中对表 5-18 中的实证研究使用稳健标准误进行回归，结果发现这三项政策对草原家庭的畜牧养殖投入产生的影响系数与表 5-18 中一致，发现给联户发放草地承包经营权证对草原家庭畜牧养

殖投入的影响系数在1%的情况下通过显著性检验，给各户发放草地承包经营权证对草原家庭畜牧养殖投入的影响系数在5%的情况下通过显著性检验，依然可以增强研究结果的可靠性。

表5－19　稳健标准误下土地确权对畜牧养殖投入影响研究

变量	ln_畜牧养殖投入		
	(1)	(2)	(3)
给村(嘎查)集体发放草地所有权证	0.10 (0.41)	—	—
给联户发放草地承包经营权证	—	0.61*** (2.66)	—
给各户发放草地承包经营权证	—	—	1.26** (2.51)
ln_家庭收入	0.99*** (4.80)	1.00*** (4.52)	0.73*** (2.99)
草原退化	1.07*** (4.18)	1.10*** (4.33)	0.71** (2.31)
家庭规模	0.00 (0.03)	-0.00 (-0.04)	0.09 (0.93)
户主是否为党员	0.38 (1.42)	0.37 (1.36)	0.32 (1.23)
户主性别	-0.49 (-1.16)	-0.46 (-1.14)	-0.54 (-1.39)
Constant	-2.95 (-1.30)	-3.19 (-1.32)	-1.06 (-0.43)
Observations	161	161	161
R^2	0.237	0.253	0.289
F	11.61	11.95	14.05

注：***、**、*分别表示在1%、5%和10%水平下显著，括号中为稳健标准误下计算出的 t 值。

通过构建模型进行实证研究，发现各多元回归方程具有较好的拟合优度，见表5-20。下面对各项政策的影响进行逐个分析。

在研究给村（嘎查）集体发放草地所有权证实行时长对草原家庭畜牧养殖投入的影响中，可以观察该项政策的实行时长会对家庭畜牧养殖投入产生正向影响，系数达到0.04，且结果在1%的标准下通过显著性检验。

在研究给各户发放草地承包经营权证实行时长对草原家庭畜牧养殖投入的影响中，可以观察该项政策的实行时长会对家庭畜牧养殖投入产生正向影响，系数达到0.04，且结果在1%的标准下通过显著性检验。

表5-20　　　土地确权政策实行时长对畜牧养殖投入影响研究

变量	ln_畜牧养殖投入		
	（1）	（2）	（3）
给村（嘎查）集体发放草地所有权证实行时长	0.04*** (2.75)	—	—
给联户发放草地承包经营权证实行时长	—	-0.02 (-0.79)	—
给各户发放草地承包经营权证实行时长	—	—	0.04*** (2.64)
ln_家庭收入	0.90*** (4.90)	1.02*** (5.52)	0.93*** (5.14)
草原退化	1.32*** (4.64)	1.02*** (3.53)	1.07*** (3.92)

续 表

变量	ln_畜牧养殖投入		
	(1)	(2)	(3)
家庭规模	0.04 (0.43)	-0.01 (-0.11)	0.05 (0.51)
户主是否为党员	0.22 (0.65)	0.39 (1.15)	0.34 (1.02)
户主性别	-0.56 (-1.34)	-0.49 (-1.15)	-0.47 (-1.13)
Constant	-2.31 (-1.15)	-3.20 (-1.57)	-2.79 (-1.40)
Observations	161	161	161
R-squared	0.272	0.239	0.269
F	9.578	8.063	9.443

注：***、**、*分别表示在1%、5%和10%水平下显著，括号中为标准误下计算出的 t 值。

(二) 牧草和饲料投入

1. 研究设计与模型构建

为对该问题进行实证研究，本书通过参考相关研究后构建实证模型见式（5-22）、式（5-23）。

$$\ln invest_i = \alpha_0 + \alpha_1 certi_k + \alpha_2 \ln income_i + \alpha_3 degradation_i + \sum_k \alpha_4 X_i + \epsilon_i \quad (5-22)$$

其中，$invset_i$ 为家庭 i 在 2018 年全年对牧草和饲料种植的资金投入，$certi_k$ 为家庭 i 所在 k 村 2018 年相应的土地颁证政策实施情况，$income_i$ 为家庭 i 在 2018 年的总收入，$degradation_i$ 为家庭 i 在

2018年自身对所处草原退化情况判断的虚拟变量，X_i为家庭人口特征控制变量。

$$\ln invest_i = \alpha_0 + \alpha_1 certitime_k + \alpha_2 \ln income_i + \\ \alpha_3 degradation_i + \sum_k \alpha_4 X_i + \epsilon_i \qquad (5-23)$$

其中，$certitime_k$为家庭i所在k村2018年相应的土地颁证政策实行时长。

2. 数据来源与描述性统计

本节利用2019年内蒙古大学经济管理学院大学生"三下乡"农户牧户调查问卷搜集到的结果进行研究，具体描述性统计见表5-21。

表5-21　颁证对牧草和饲料种植的投入的影响研究描述性统计

变量	均值	标准差	最小值	最大值
牧草和饲料种植的投入(元)	15340	18227	1050	144200
给村(嘎查)集体发放草地所有权证(%)	0.558	0.499	0	1
给联户发放草地承包经营权证(%)	0.195	0.398	0	1
给各户发放草地承包经营权证(%)	0.814	0.391	0	1
给村(嘎查)集体发放草地所有权证实行时长(年)	5.2	9.167	0	29
给联户发放草地承包经营权证实行时长(年)	1.4	5.981	0	29
给各户发放草地承包经营权证实行时长(年)	8.7	10.09	0	29

续 表

变量	均值	标准差	最小值	最大值
草原退化(%)	0.602	0.492	0	1
家庭收入(元)	123871	87543	15000	428350
家庭规模	3.637	1.203	1	7
户主性别	0.92	0.272	0	1
户主是否为党员	0.14	0.350	0	1

注：观测值为113。

在过滤掉无效问卷回答的情况下，有113个草原家庭样本进入该阶段研究，根据表5-21中描述性统计可以发现，样本草原家庭2018年平均需要在牧草和饲料种植中投入15340元，草原家庭当年平均总收入为123871元，对牧草和饲料种植的投入和草原家庭总收入分别取对数，可以反映数值大小的变化趋势，也可以使研究中的系数更方便观察。在所研究的草原家庭中，将所在村实行具体颁证政策的家庭设置虚拟变量的值为1，反之为0，可以在表5-21中观察到，所在村给村（嘎查）集体发放草地所有权证的草原家庭占比为55.8%，所在村给联户发放草地承包经营权证的草原家庭占比为19.5%，所在村给各户发放草地承包经营权证的草原家庭占比为81.4%，各项政策实施的样本在总样本中占比具有一定规模，可以产生统计学上的比较效果。对于各项政策的实行时长，本节计量单位为年，当该值为0时说明并未实行该政策，家庭所在村给村（嘎查）集体发放草地所有权证实行时长的均值为5.2年，所在村给联户发放草地承包经营权证实行时长均值为1.4年，所在村给各户发放草地承包经营权证实行时长均值为8.7年，可以发现各项政策的实行时长是有差异的。

我们对于草场退化变量的选取，采用草原家庭在问卷中自身对所在草场的情况判断，如果认为草场在近年发生退化，则对该虚拟变量赋值为1，相反则赋值为0，在描述性统计中可以发现60.2%的草原家庭认为所在草场存在草场退化情况。家庭规模表示样本草原的家庭规模，从描述性统计中可知样本中草原家庭最大规模为7名成员，最少的家庭为1人，平均数为3.637，与一般城市家庭规模相比差异不大。户主性别为样本家庭户主性别，如果户主为男性就对该虚拟变量赋值为1，如果为女性则赋值为0，描述性统计中显示该虚拟变量的平均值为0.92，说明更多的家庭是男性成员为户主。户主是否为党员表示样本家庭户主是否是中共党员，如果是党员则对该虚拟变量赋值为1，如果不是则赋值为0，平均值为0.14，说明样本中平均每百户家庭中就有14户家庭的户主为中共党员。

3. 实证研究

通过构建模型进行实证研究，发现各多元回归方程具有较好的拟合优度，见表5-22。下面对各项政策的影响进行总体分析。给村（嘎查）集体发放草地所有权证和给联户发放草地承包经营权证的实施情况对草原家庭牧草和饲料种植的投入产生显著影响，而给各户发放草地承包经营权证未对草原家庭牧草和饲料种植的投入产生显著影响。

在研究给村（嘎查）集体发放草地所有权证实施情况对草原家庭牧草和饲料种植的投入的影响中，可以观察到家庭所在村庄如果实施这项政策，会对家庭牧草和饲料种植的投入产生负向影响，系数达到 -0.60，且结果在1%的标准下通过显著性检验。

在研究给联户发放草地承包经营权证实施情况对草原家庭牧草和饲料种植的投入的影响中，可以观察到家庭所在村庄如果实施这项政策，会对家庭牧草和饲料种植的投入产生负向影响，系数达到 -0.37，且结果在10%的标准下通过显著性检验。

表 5-22　颁证对牧草和饲料种植的投入影响研究

变量	ln_牧草和饲料种植的投入		
	(1)	(2)	(3)
给村(嘎查)集体发放草地所有权证	-0.60*** (-3.19)	—	—
给联户发放草地承包经营权证	—	-0.37* (-1.73)	—
给各户发放草地承包经营权证	—	—	-0.19 (-0.66)
ln_家庭收入	0.13 (1.07)	0.11 (0.89)	0.13 (1.03)
草原退化	-0.41** (-2.15)	-0.63*** (-3.54)	-0.58** (-2.61)
家庭规模	0.11 (1.44)	0.12 (1.56)	0.11 (1.39)
户主是否为党员	-0.01 (-0.05)	-0.09 (-0.37)	-0.11 (-0.43)
户主性别	-0.44 (-1.43)	-0.53* (-1.68)	-0.53 (-1.66)
Constant	8.28*** (6.05)	8.40*** (5.95)	8.23*** (5.70)
Observations	113	113	113
R^2	0.265	0.216	0.198
F	6.363	4.874	4.348

注：***、**、* 分别表示在1%、5%和10%水平下显著，括号中为标准误下计算出的 t 值。

表5-23中对表5-22中的实证研究使用稳健标准误进行回归，结果发现这三项政策对草原家庭的牧草和饲料种植的投入产生的影响系数与统计学显著性与表5-22中一致，可以增强研究结果的可靠性。

表5-23　稳健标准误下颁证对牧草和饲料种植的投入影响研究

变量	ln_牧草和饲料种植的投入		
	(1)	(2)	(3)
给村（嘎查）集体发放草地所有权证	-0.60*** (-3.85)	—	—
给联户发放草地承包经营权证	—	-0.37* (-1.91)	—
给各户发放草地承包经营权证	—	—	-0.19 (-0.67)
ln_家庭收入	0.13 (1.28)	0.11 (1.04)	0.13 (1.16)
草原退化	-0.41** (-2.39)	-0.63*** (-3.50)	-0.58*** (-2.74)
家庭规模	0.11 (1.33)	0.12 (1.55)	0.11 (1.36)
户主是否为党员	-0.01 (-0.05)	-0.09 (-0.35)	-0.11 (-0.41)
户主性别	-0.44 (-1.46)	-0.53 (-1.63)	-0.53 (-1.66)
Constant	8.28*** (6.74)	8.40*** (6.51)	8.23*** (6.24)
Observations	113	113	113
R^2	0.265	0.216	0.198
F	6.274	5.907	4.597

注：***、**、*分别表示在1%、5%和10%水平下显著，括号中为稳健标准误下计算出的 t 值。

第五章 确权颁证对牧民投资行为影响的分析

通过构建模型进行实证研究，发现各多元回归方程具有较好的拟合优度，见表5-24。下面对各项政策的影响进行总体分析。给村（嘎查）集体发放草地所有权证实行时长对草原家庭牧草和饲料种植的投入的影响研究中，可以观察该项政策的实行时长会对家庭牧草和饲料种植的投入产生显著的影响，其余两项颁证政策的实行时长并未对家庭牧草和饲料种植的投入产生显著影响。

在研究给村（嘎查）集体发放草地所有权证实行时长对草原家庭牧草和饲料种植投入的影响中，可以观察该项政策的实行时长会对家庭牧草和饲料种植的投入产生负向影响，系数达到 -0.031，且结果在1%的标准下通过显著性检验。

表5-24 颁证政策实行时长对牧草和饲料种植的投入影响研究

变量	ln_牧草和饲料种植的投入		
	(1)	(2)	(3)
给村(嘎查)集体发放草地所有权证实行时长	-0.031 *** (-3.23)	—	—
给联户发放草地承包经营权证实行时长	—	0.008 (0.50)	—
给各户发放草地承包经营权证实行时长	—	—	-0.001 (-0.12)
ln_家庭收入	0.141 (1.16)	0.099 (0.77)	0.113 (0.89)
草原退化	-0.716 *** (-4.18)	-0.637 *** (-3.42)	-0.660 *** (-3.66)
家庭规模	0.067 (0.89)	0.130 * (1.66)	0.120 (1.49)

续 表

变量	ln_牧草和饲料种植的投入		
	(1)	(2)	(3)
户主是否为党员	0.055 (0.22)	-0.118 (-0.47)	-0.107 (-0.43)
户主性别	-0.524* (-1.71)	-0.548* (-1.70)	-0.565* (-1.76)
Constant	8.367*** (6.12)	8.446*** (5.87)	8.363*** (5.84)
Observations	113	113	113
R²	0.266	0.196	0.194
F	6.410	4.308	4.260

注：***、**、*分别表示在1%、5%和10%水平下显著，括号中为标准误下计算出的 t 值。

(三) 总投入

1. 研究设计与模型构建

为对该问题进行实证研究，本书通过参考相关研究后构建实证模型见式（5-24）、式（5-25）。

$$\ln stock\_input_i = \alpha_0 + \alpha_1 certi_k + \alpha_2 \ln income_i + \alpha_3 degradation_i + \sum_k \alpha_4 X_i + \epsilon_i \quad (5-24)$$

其中，$stock\_input_i$ 为家庭 i 在 2018 年全年对生产进行的总资金投入，$certi_k$ 为家庭 i 所在 k 村 2018 年相应的颁证政策的实施情况，$income_i$ 为家庭 i 在 2018 年的总收入，$degradation_i$ 为家庭 i 在 2018 年自身对所处草原退化情况判断的虚拟变量，X_i 为家庭人口特征控制变量。

$$\ln stock\_input_i = \alpha_0 + \alpha_1 certitime_k + \alpha_2 \ln income_i + \alpha_3 degredation_i + \sum_k \alpha_4 X_i + \epsilon_i \quad (5-25)$$

其中，$certitime_k$ 为家庭 i 所在 k 村 2018 年相应的颁证政策实行时长。

2. 数据来源与描述性统计

本节利用 2019 年内蒙古大学经济管理学院大学生"三下乡"农户牧户调查问卷搜集到的结果进行研究，具体描述性统计见表 5-25。

表 5-25　　　　　颁证对总投入影响相关描述性统计

变量	均值	标准差	最小值	最大值
总投入(元)	59571	467889	1	7013800
给村(嘎查)集体发放草地所有权证(%)	0.344	0.476	0	1
给联户发放草地承包经营权证(%)	0.174	0.380	0	1
给各户发放草地承包经营权证(%)	0.638	0.482	0	1
给村(嘎查)集体发放草地所有权证实行时长(年)	4.094	9.438	0	36
给联户发放草地承包经营权证实行时长(年)	0.790	4.311	0	29
给各户发放草地承包经营权证实行时长(年)	6.527	9.334	0	29
草原退化(%)	0.500	0.501	0	1

续　表

变量	均值	标准差	最小值	最大值
家庭收入(元)	117062	98733	8000	605304
家庭规模	3.670	1.359	1	10
户主性别	0.875	0.331	0	1
户主是否为党员	0.165	0.372	0	1

注：观测值为224。

在过滤掉无效问卷回答的情况下，有224个草原家庭样本进入该研究阶段，根据表5-25中描述性统计可以发现，样本草原家庭2018年平均需要在生产中总投入59571元，草原家庭当年平均总收入为117062元，对总投入和草原家庭总收入分别取对数，可以反映数值大小的变化趋势，也可以使研究中的系数更方便观察。在所研究的草原家庭中，将所在村实行具体颁证政策的家庭设置虚拟变量的值为1，反之为0，可以在表5-25中观察到，所在村给村（嘎查）集体发放草地所有权证的草原家庭占比为34.4%，所在村给联户发放草地承包经营权证的草原家庭占比为17.4%，所在村给各户发放草地承包经营权证的草原家庭占比为63.8%，各项政策实施的样本在总样本中占比具有一定规模，可以产生统计学上的比较效果。对于各项政策的实行时长，本节计量单位为年，当该值为0时说明并未实行该政策，家庭所在村给村（嘎查）集体发放草地所有权证实行时长的均值为4.094年，所在村给联户发放草地承包经营权证实行时长均值为0.79年，所在村给各户发放草地承包经营权证实行时长均值为6.527年，可以发现各项政策的实行时长是有差异的。

我们对于草场退化变量的选取，采用草原家庭在问卷中自身对所在草场的情况判断，如果认为草场在近年发生退化，则对该虚拟变量赋值为1，相反则赋值为0，在描述性统计中可以发现50.0%的草原家庭认为所在草场存在草场退化情况。家庭规模表示样本草原的家庭规模，从描述性统计中可知样本中草原家庭最大规模为10名成员，最少的家庭为1人，平均数为3.67，与一般城市家庭规模相比差异不大。户主性别为样本家庭户主性别，如果户主为男性就对该虚拟变量赋值为1，如果为女性则赋值为0，描述性统计中显示该虚拟变量的平均值为0.875，说明更多的家庭是男性成员为户主。户主是否为党员表示样本家庭户主是否是中共党员，如果是党员则对该虚拟变量赋值为1，如果不是则赋值为0，平均值为0.165，说明样本中平均每百户家庭中就有16.5户家庭的户主为中共党员。

3. 实证研究

通过构建模型进行实证研究，发现各多元回归方程具有较好的拟合优度，见表5-26。下面对各项政策的影响进行逐个分析。

在研究给村（嘎查）集体发放草地所有权证实施情况对草原家庭总投入的影响中，可以观察到家庭所在村庄如果实施这项政策，会对家庭总投入产生正向影响，系数达到0.36，且结果在10%的标准下通过显著性检验。

在研究给各联户发放草地承包经营权证实施情况对草原家庭总投入的影响中，可以观察到家庭所在村庄如果实施这项政策，会对家庭总投入产生正向影响，系数达到0.54，且结果在5%的标准下通过显著性检验。

在研究给各户发放草地承包经营权证实施情况对草原家庭总投入的影响中，可以观察到家庭所在村庄如果实施这项政策，会对家庭总投入产生正向影响，系数达到0.73，且结果在1%的标准下通过显著性检验。

表 5-26　　颁证对总投入影响研究

变量	ln_总投入		
	(1)	(2)	(3)
给村(嘎查)集体发放草地所有权证	0.36* (1.76)	—	—
给联户发放草地承包经营权证	—	0.54** (2.27)	—
给各户发放草地承包经营权证	—	—	0.73*** (3.02)
ln_家庭收入	0.70*** (6.14)	0.74*** (6.63)	0.60*** (5.04)
草原退化	0.28 (1.48)	0.32* (1.75)	-0.00 (-0.00)
家庭规模	0.13* (1.94)	0.13* (1.83)	0.16** (2.27)
户主是否为党员	0.14 (0.56)	0.17 (0.71)	0.11 (0.46)
户主性别	-0.66** (-2.31)	-0.61** (-2.17)	-0.61** (-2.18)
Constant	1.44 (1.14)	0.95 (0.77)	2.24* (1.75)
Observations	224	224	224
R^2	0.230	0.238	0.251
F	10.83	11.27	12.11

注：***、**、*分别表示在1%、5%和10%水平下显著，括号中为标准误下计算出的 t 值。

表 5 – 27 中对表 5 – 26 中的实证研究使用稳健标准误进行回归，结果发现这三项政策对草原家庭的总投入产生的影响系数与表 5 – 26 中一致，发现给联户发放草地承包经营权证对草原家庭总投入的影响系数在 1% 的情况下通过显著性检验，给各户发放草地承包经营权证对草原家庭总投入的影响系数在 5% 的情况下通过显著性检验，可以增强研究结果的可靠性。

表 5 – 27　　　　　稳健标准误下颁证对总投入影响研究

变量	ln_总投入		
	（1）	（2）	（3）
给村（嘎查）集体发放草地所有权证	0.36* (1.87)	—	—
给联户发放草地承包经营权证	—	0.54*** (3.18)	—
给各户发放草地承包经营权证	—	—	0.73** (2.17)
ln_家庭收入	0.70*** (6.16)	0.74*** (6.28)	0.60*** (4.72)
草原退化	0.28 (1.37)	0.32* (1.70)	-0.00 (-0.00)
家庭规模	0.13*** (2.65)	0.13** (2.50)	0.16*** (2.90)
户主是否为党员	0.14 (0.71)	0.17 (0.88)	0.11 (0.55)
户主性别	-0.66** (-2.58)	-0.61** (-2.54)	-0.61** (-2.44)
Constant	1.44 (1.15)	0.95 (0.73)	2.24* (1.67)

续 表

变量	ln_总投入		
	(1)	(2)	(3)
Observations	224	224	224
R²	0.230	0.238	0.251
F	11.87	13.40	13.26

注：***、**、*分别表示在1%、5%和10%水平下显著，括号中为稳健标准误下计算出的 t 值。

通过构建模型进行实证研究，发现各多元回归方程具有较好的拟合优度，见表5-28。下面对各项政策的影响进行逐个分析。

在研究给村（嘎查）集体发放草地所有权证实行时长对草原家庭总投入的影响中，可以观察该项政策的实行时长会对家庭总投入产生正向影响，系数达到0.02，且结果在10%的标准下通过显著性检验。

在研究给各户发放草地承包经营权证实行时长对草原家庭总投入的影响中，可以观察该项政策的实行时长会对家庭总投入产生正向影响，系数达到0.03，且结果在1%的标准下通过显著性检验。发现给联户发放草地承包经营权证实行时长未对家庭总投入产生显著影响。

表5-28　　　　　　颁证实行时长对总投入影响研究

变量	ln_总投入		
	(1)	(2)	(3)
给村(嘎查)集体发放草地所有权证实行时长	0.02* (1.81)	—	—

续 表

变量	ln_总投入		
	(1)	(2)	(3)
给联户发放草地承包经营权证实行时长	—	0.02 (1.07)	—
给各户发放草地承包经营权证实行时长	—	—	0.03*** (2.69)
ln_家庭收入	0.69*** (5.95)	0.72*** (6.29)	0.67*** (5.93)
草原退化	0.43** (2.34)	0.42** (2.27)	0.29 (1.61)
家庭规模	0.14** (2.06)	0.14** (1.99)	0.16** (2.26)
户主是否为党员	0.09 (0.38)	0.18 (0.75)	0.13 (0.51)
户主性别	-0.61** (-2.15)	-0.57** (-2.01)	-0.58** (-2.05)
Constant	1.50 (1.19)	1.18 (0.94)	1.53 (1.23)
Observations	224	224	224
R^2	0.231	0.223	0.244
F	10.86	10.41	11.70

注：***、**、*分别表示在1%、5%和10%水平下显著，括号中为标准误下计算出的 t 值。

（四）放牧强度

1. 研究设计与模型构建

为对该问题进行实证研究，本书通过参考相关研究后构建实证模

型见式 (5-26)、式 (5-27)。

$$graze\_num_i = \alpha_0 + \alpha_1 certi_k + \alpha_2 \ln income_i + \\ \alpha_3 degredation_i + \sum_k \alpha_4 X_i + \epsilon_i \quad (5-26)$$

其中，$graze\_num_i$ 为家庭 i 在 2018 年全年单位草场放牧数量，$certi_k$ 为家庭 i 所在 k 村 2018 年相应的土地颁证政策实施情况，$income_i$ 为家庭 i 在 2018 年的总收入，$degredation_i$ 为家庭 i 在 2018 年自身对所处草原退化情况判断的虚拟变量，X_i 为家庭人口特征控制变量。

$$graze\_num_i = \alpha_0 + \alpha_1 certitime_k + \alpha_2 \ln income_i + \\ \alpha_3 degredation_i + \sum_k \alpha_4 X_i + \epsilon_i \quad (5-27)$$

其中，$certitime_k$ 为家庭 i 所在 k 村 2018 年相应的土地颁证政策实行时长。

2. 数据来源与描述性统计

本节利用 2019 年内蒙古大学经济管理学院大学生"三下乡"农户牧户调查问卷搜集到的结果进行研究，具体描述性统计见表 5-29。

表 5-29　土地确权对单位草场放牧数量影响相关描述性统计

变量	均值	标准差	最小值	最大值
单位草场放牧数量(只)	1.599	10.61	0	130
给村(嘎查)集体发放草地所有权证(%)	0.413	0.494	0	1
给联户发放草地承包经营权证(%)	0.164	0.371	0	1
给各户发放草地承包经营权证(%)	0.868	0.340	0	1

续 表

变量	均值	标准差	最小值	最大值
给村(嘎查)集体发放草地所有权证实行时长(年)	4.995	10.22	0	36
给联户发放草地承包经营权证实行时长(年)	0.810	4.664	0	29
给各户发放草地承包经营权证实行时长(年)	9.810	10.07	0	29
草原退化(%)	0.698	0.460	0	1
家庭收入(元)	132978	107383	19180	725600
家庭规模	3.492	1.232	1	7
户主性别	0.905	0.294	0	1
户主是否为党员	0.190	0.394	0	1

注：观测值为189。

在过滤掉无效问卷回答的情况下，有189个草原家庭样本进入该研究阶段，根据表5-29中描述性统计可以发现，样本草原家庭2018年平均单位草场放牧数量为1.599只，草原家庭当年平均总收入为132978元，对草原家庭总收入分别取对数，可以反映数值大小的变化趋势，也可以使研究中的系数更方便观察。在所研究的草原家庭中，将所在村实行具体颁证政策的家庭设置虚拟变量的值为1，反之为0，可以在表5-29中观察到，所在村给村（嘎查）集体发放草地所有权证的草原家庭占比为41.3%，所在村给联户发放草地承包经营权证的草原家庭占比为16.4%，所在村给各户发放草地承包经营权证的草原家庭占比为86.8%，各项政策实施的样本在总样本中占比具有一定规模，可以产生统计学上的比较效果。对于各项政策的实行时长，本节计量单位为年，当该值为0时说明并未实行该政策，家庭所在村给村（嘎查）集体发放草地所有权证实行时长的均值为4.995年，所在村给各户发放草地承包经营权证实行时长均值为0.81年，所在村给各户发放草地承包经营权证实行时长均值为9.81年，可以发现各项政策的实行时长是有差异的。

我们对于草场退化变量的选取，采用草原家庭在问卷中自身对所在草场的情况判断，如果认为草场在近年发生退化，则对该虚拟变量赋值为1，相反则赋值为0，在描述性统计中可以发现69.8%的草原家庭认为所在草场存在草场退化情况。家庭规模表示样本草原的家庭规模，从描述性统计中可知样本中草原家庭最大规模为7名成员，最少的家庭为1人，平均数为3.492，与一般城市家庭规模相比差异不大。户主性别为样本家庭户主性别，如果户主为男性就对该虚拟变量赋值为1，如果为女性则赋值为0，描述性统计中显示该虚拟变量的平均值为0.905，说明更多的家庭是男性成员为户主。户主是否为党员表示样本家庭户主是否是中共党员，如果是党员则对该虚拟变量赋值为1，如果不是则赋值为0，平均值为0.19，说明样本中平均每百户中就有19户家庭的户主为中共党员。

3. 实证研究

通过构建模型进行实证研究，发现各多元回归方程具有较好的拟合优度，见表5-30。下面对各项政策的影响进行逐个分析。给村（嘎查）集体发放草地所有权证和给联户发放草地承包经营权证的实施情况未对草原家庭畜牧养殖投入产生显著影响。

在研究给各户发放草地承包经营权证实施情况对草原家庭畜牧养殖投入的影响中，可以观察到家庭所在村庄如果实施这项政策，会对家庭畜牧养殖投入产生负向影响，系数达到 -10.36，且结果在 1% 的标准下通过显著性检验。

表 5-30　　　　　颁证对单位草场放牧数量影响研究

变量	单位草场放牧数量		
	(1)	(2)	(3)
给村(嘎查)集体发放草地所有权证	-2.45 (-1.57)	—	—
给联户发放草地承包经营权证	—	-1.05 (-0.50)	—
给各户发放草地承包经营权证	—	—	-10.36*** (-4.43)
ln_家庭收入	-1.87* (-1.72)	-1.92* (-1.76)	-0.77 (-0.72)
草原退化	-3.07* (-1.81)	-3.06* (-1.78)	-1.06 (-0.63)
家庭规模	1.34** (2.08)	1.30** (2.01)	1.14* (1.84)
户主是否为党员	0.05 (0.02)	-0.16 (-0.08)	0.92 (0.48)
户主性别	2.09 (0.78)	1.56 (0.58)	-0.00 (-0.00)
Constant	19.72 (1.59)	20.13 (1.61)	16.07 (1.35)
Observations	189	189	189
R^2	0.061	0.050	0.141
F	1.985	1.598	4.999

注：***、**、*分别表示在 1%、5% 和 10% 水平下显著，括号中为稳健标准误下计算出的 t 值。

表 5-31 中对表 5-30 中的实证研究使用稳健标准误进行回归，结果发现这三项政策对草原家庭的畜牧养殖投入产生的影响系数与表 5-30 中一致，发现给村（嘎查）集体发放草地所有权证对草原家庭畜牧养殖投入的影响系数在 10% 的情况下通过显著性检验，可以增强研究结果的可靠性。

表 5-31　　稳健标准误下颁证对单位草场放牧数量影响研究

变量	单位草场放牧数量		
	(1)	(2)	(3)
给村(嘎查)集体发放草地所有权证	-2.45* (-1.82)	—	—
给联户发放草地承包经营权证	—	-1.05 (-1.61)	—
给各户发放草地承包经营权证	—	—	-10.36** (-2.14)
ln_家庭收入	-1.87* (-1.72)	-1.92* (-1.71)	-0.77 (-1.25)
草原退化	-3.07 (-1.29)	-3.06 (-1.27)	-1.06 (-0.68)
家庭规模	1.34 (1.08)	1.30 (1.05)	1.14 (1.02)
户主是否为党员	0.05 (0.05)	-0.16 (-0.15)	0.92 (1.17)
户主性别	2.09 (1.64)	1.56 (1.59)	-0.00 (-0.01)
Constant	19.72* (1.82)	20.13* (1.80)	16.07* (1.80)
Observations	189	189	189

续 表

变量	单位草场放牧数量		
	(1)	(2)	(3)
R²	0.061	0.050	0.141
F	0.806	0.771	1.223

注：***、**、* 分别表示在1%、5%和10%水平下显著，括号中为稳健标准误下计算出的 t 值。

通过构建模型进行实证研究，发现各多元回归方程具有较好的拟合优度，见表5-32。下面对各项政策的影响进行整体分析。这三项颁证政策实行时长并未对单位草场放牧数量产生显著影响，说明颁证对单位草场放牧数量的影响并未通过实行时长实现。

表5-32　　　颁证实行时长对单位草场放牧数量影响研究

变量	单位草场放牧数量		
	(1)	(2)	(3)
给村(嘎查)集体发放草地所有权证实行时长	-0.12 (-1.45)	—	—
给联户发放草地承包经营权证实行时长	—	-0.08 (-0.49)	—
给各户发放草地承包经营权证实行时长	—	—	-0.11 (-1.42)
ln_家庭收入	-1.78 (-1.63)	-1.89* (-1.73)	-1.74 (-1.59)
草原退化	-4.09** (-2.26)	-3.38* (-1.92)	-3.10* (-1.82)
家庭规模	1.25* (1.94)	1.28* (1.96)	1.17* (1.80)

续 表

变量	单位草场放牧数量		
	(1)	(2)	(3)
户主是否为党员	0.44 (0.22)	-0.14 (-0.07)	0.28 (0.14)
户主性别	1.47 (0.55)	1.47 (0.55)	1.51 (0.57)
Constant	19.77 (1.59)	20.05 (1.60)	19.36 (1.56)
Observations	189	189	189
R-squared	0.060	0.050	0.059
F	1.922	1.595	1.905

注:***、**、*分别表示在1%、5%和10%水平下显著,括号中为标准误下计算出的 t 值。

第六章

草地流转市场发育的经济影响

第一节 草地流转市场发育的制度背景与经济学逻辑

如何提高农牧民收入水平以及实现土地和草地的适度规模经营，一直是各界讨论和关注的问题。而土地流转是实现适度规模经营的有效途径之一。实行土地流转这一举措，也有着深远的历史沿革，可以追溯到 1984 年，国家鼓励土地的经营权向种田能手集中。2011 年开始，国家强调要积极推进农牧地区土地和草地的有序流转，从而实现适度经营。2016 年，中央一号文件指出，在持续推动土地有序流转的基础上，鼓励农牧户自愿互换承包地。2017 年，农业部和中央农办选择 100 个基础较好的县作为新一轮农村集体制度改革试点单位，2020 年，国家进一步深化农村改革，健全土地承包"二权分置"，即所有权、承包权和经营权分置，从而推动规模经营。

目前，中国的草原畜牧业大多数仍继承着原始粗放型的畜牧生产方式，局部区域采取农耕与畜牧并行的混合型农业经营方式。历经多次土地改革后，草场也开始进行家庭联产承包责任制的改革，牧民和农民一样开始以家庭为单位，承包草地和土地。与农耕文明不同，畜牧业对草地确权的刚性要弱于土地，但是在现实环境下，由于没有任何一块草地或牧场可以承担长时期的放牧，所以单独的一块草地或牧场是没有价值的。这也是牧民对于移动权的依赖性高于定居权的重要原因之一。实现畜牧经济的现代化和规模化是畜牧业发展的必然趋势，随着草地确权后草原细碎化现象加重、牧民移动范围因人口增长而缩小，这一系列问题都对现代畜牧业的发展产生制约。由此，通过对草地资源的流转配置是发展现代畜牧业的重要途径，可以有效解决实行家庭联产承包责任制的问题。[①]

随着草地资源流转配置市场的不断发展，牧民之间自发地进行草地流转的行为也越来越多，然而，在草地流转时牧民往往只考虑短期利益，从而进行过度放牧，进而造成草场退化等一系列负外部性的影响。[②] 因此，在草地家庭联产承包责任制的大背景下，牧民之间实行草地资源的流转配置是否使畜牧业达到适度规模，是否有着有利的经济影响，是否有利于提升牧民福利水平都是亟待讨论与研究的问题。因此，要在对草地流转的经济影响进行细致评估的基础上，有效合理地进行草地资源的流转配置，从而深化草场承包经营制度改革，进而促进牧民增收、牧区稳定以及畜牧业协调发展。

内蒙古是中国的第一大牧区，锡林郭勒盟牧区位于草原的中间地带，是内蒙古的主要牧区之一，草原类型多样，是内蒙古最典型的草原地区。随着中国深化草原的家庭联产承包责任制的改革，牧户之间的草地流转行为也越来越多。那么在这一系列的背景下，草地资源的流转配置是否实现了适度规模经营，是否真正惠及牧民，提高其福利

[①] 李先东、李录堂、苏岚岚等：《牧民草场流转的收入效应分析》，《农业技术经济》2019年第11期；聂萨茹拉：《牧户之间草地流转的影响因素及草地退化研究》，内蒙古大学，硕士学位论文，2015年。

[②] 包乌日乐：《牧户草原流转行为研究》，内蒙古大学，硕士学位论文，2012年。

水平。因此，本章所采用基于锡林浩特市 2013 年、2014 年和 2015 年牧区的入户调查面板数据，从草地流转对牧民收入的影响、草地流转对牧民消费的影响和草地流转对牧民生产投入的影响三个方面，实证分析草地流转的经济效应。在控制了流转规模、牲畜数量、草地面积、是否有非畜牧业收入以及一些代表牧户户主个体特征等因素后，运用最小二乘（OLS）模型研究发现，牧户间的草地流转行为对其收入水平具有显著正向影响；牧户间的草地流转行为会显著提升其消费水平；牧户之间的草地流转行为会显著降低其生产投入，会对其生产投入产生负向影响，具体地，这种负向影响主要是通过减少牧民的畜牧养殖投入来表现的。

中国在 20 世纪 80 年代后期，在内蒙古等民族地区的牧区开始实行"牲畜作价，草原承包"的经营制度，也称"草畜双承包"的经营制度，从而为牧民发展草原畜牧业赋予了更大的决策权，加之中国经济发展水平不断提升、牧民城乡流动加剧，这一系列宏观因素都为草地资源的流转配置奠定了基础。2016 年，国务院办公厅通过印发《关于完善土地所有权经营权承包权分置办法的意见》来完善土地承包的"三权分置"，推动土地资源优化配置，从而实现规模经营。关于农地草地流转的相关问题，也一直是学术界热烈讨论的焦点问题。从已有关于草地流转的研究来看，大致可分为草地流转意愿及流转行为的影响因素、草地流转的生态效果和草地流转的经济效应三个研究方面。其一，草地流转意愿及流转行为的影响因素研究。多数研究者研究表明，牧民的个体特征，例如性别、年龄、受教育年限等会对草地流转呈现出不同的影响。[①] 部分文献还证实，农地草地质量、类型、地理位

---

① 马倩：《青海省草原使用权流转现状及对策》，《青海畜牧兽医杂志》2003 年第 4 期；包乌日乐：《牧户草原流转行为研究》，内蒙古大学，硕士学位论文，2012 年。

置、肥沃程度等一系列因素，也会影响牧民的草地流转行为。[①] 其二，草地流转的生态效果。聂萨茹拉认为，流转户要根据土地的承载力，在不破坏土地的生产能力和生态环境的基础上使用土地资源。[②] 部分学者认为草地流转对于生态环境具有正向的外部性影响。他们认为草地资源的流转配置可以提高生态环境效率，通过科学合理的草地流转，有助于解决草地利用细碎化问题，遏制草原闲置和荒摆现象，降低超载程度，保护生态环境。[③] 另一部分学者认为草地流转对于生态环境具有负的外部性影响。草地流转在一定程度上可以协调草地和牧民之间的供求关系，缓解放牧压力，但与此同时会过度利用流转草地。[④] 此外，由于通常草地流转的期限较短，牧民保护流转草地的意愿低，从而盲目增加牲畜数量超载放牧，造成草地沙化、退化等后果，影响生态环境。其三，草地流转的经济效应。目前，根据现有文献，关于草地流转的经济效应，也即草地流转的经济影响，主要集中于草地流转对牧民收入的变化影响上。通过对草地流转，可以优化草地资源配置，达到规模经营。[⑤] 张引弟等通过对内蒙古自治区牧民的收入统计发现，草场转入方因扩大规模提高收入，草场转出方在获得草地流转费的基础上，可以通过外出

[①] 伊力奇、张裕凤、萨如拉：《内蒙古西乌珠穆沁旗牧草地流转影响因素分析》，《中国土地科学》2014年第10期；王杰、句芳：《内蒙古农村牧区农牧户土地流转影响因素研究——基于11个地区1332个农牧户的调查》，《干旱区资源与环境》2015年第6期。

[②] 聂萨茹拉：《牧户之间草地流转的影响因素及草地退化研究》，内蒙古大学，硕士学位论文，2015年。

[③] 胡振通、孔德帅、焦金寿等：《草场流转的生态环境效率——基于内蒙古甘肃两省份的实证研究》，《农业经济问题》2014年第6期；王茜、孟梅：《牧草地流转对土地生产率的影响研究》，《江西农业学报》2019年第1期。

[④] 赖玉珮、李文军：《草场流转对干旱半干旱地区草原生态和牧民生计影响研究——以呼伦贝尔市新巴尔虎右旗M嘎查为例》，《资源科学》2012年第6期。

[⑤] 刘慧：《内蒙古乌拉特后旗草原使用权流转情况研究》，内蒙古农业大学，硕士学位论文，2008年；宝兴安：《锡林浩特市牧区草地流转问题研究》，内蒙古农业大学，硕士学位论文，2011年；聂萨茹拉：《牧户之间草地流转的影响因素及草地退化研究》，内蒙古大学，硕士学位论文，2015年。

打工，从事第二、第三产业来提高自己的收入水平。① 李先东等运用 PSM 分析法研究发现，对于草地转入户，畜牧业平均处理效应要高于总收入及非畜牧业收入的平均处理效应；而对于草地转出户则相反，非畜牧业平均处理效应高于总收入及畜牧业平均处理效应。② 张美艳等也认为草地流转可以促进牧民增收。③

综上所述，根据已有关于草地流转的相关研究，多集中于研究影响草地流转的因素和草地流转的影响，草地流转的影响又可以分为草地流转的生态效应和经济效应。其中，草地流转的经济效应多体现在牧民收入的变化上，学界中普遍认为，牧民之间的草地流转行为，不论是对于草场转出方还是草场转入方，都可以显著提高其收入水平。但消费水平也是衡量居民福利水平的重要指标，是土地草地流转经济效应的重要部分，胡霞等和丁浩研究发现，土地的流转对不同特征农户的消费具有异质性影响，土地流转水平和流转费用对农户消费具有正向影响。④ 刘宗飞和姚顺波也得到了类似的结论。⑤ 所以，牧草地流转对于农牧户消费具有重要影响，但就目前来看，可能由于缺乏相关的调研数据，中国鲜有文献研究草地流转对于牧户消费水平的影响。此外，实现草畜平衡是中国发展草原畜牧业的一个核心问题⑥，牧民的生产决策行为会影响其

---

① 张引弟、孟慧君、塔娜：《牧区草地承包经营权流转及其对牧民生计的影响——以内蒙古草原牧区为例》，《草业科学》2010 年第 5 期。
② 李先东、李录堂、苏岚岚等：《牧民草场流转的收入效应分析》，《农业技术经济》2019 年第 11 期。
③ 张美艳、董建军、辛姝玉等：《锡林郭勒盟草原流转牧户的技术效率研究——基于 DEA – Tobit 模型的分析》，《干旱区资源与环境》2017 年第 11 期。
④ 胡霞、丁浩：《土地流转对农户消费异质性影响研究》，《华南农业大学学报》（社会科学版）2016 年第 5 期。
⑤ 刘宗飞、姚顺波：《土地流转对农户家庭消费影响的实证分析——基于安徽省 3 县 349 个农户数据》，《河北农业大学学报》（社会科学版）2021 年第 2 期。
⑥ 徐敏云：《草地载畜量研究进展：中国草畜平衡研究困境与展望》，《草业学报》2014 年第 5 期。

生产效率，进而影响草场的草畜平衡①，适度的生产投入有利于维持草原的生产与生态功能②，如果过度投入、过度利用草原，则会影响当地畜牧业的可持续发展，造成草场退化、草地的生态功能降低。③ Kusunose 等研究发现，在布基纳法索，借入的土地会被更加密集的播种，并且土地借入方不会显著增加他们的投入用来促进水土保持，从而保持土地的肥力。④ 王倩和余劲研究发现，土地转入行为对农业生产投入具有冲击效应，具体地，土地转入行为会使农业生产中流动资本投入增加，减少劳动时间投入。⑤ 因此，本书认为，草地流转行为同样对牧民的畜牧业生产投入有显著影响。而目前，关于草地流转对生产投入的研究较少，所以本书在考察草地流转经济效应的同时，也探析了草地资源流转配置对于牧民生产投入的影响。

---

① 冯秀、李元恒、李平等：《草原生态补奖政策下牧户草畜平衡调控行为研究》，《中国草地学报》2019 年第 6 期。

② Wang Z., Johnson D. A. and Rong Y., "Grazing Effects on Soil Characteristics and Vegetation of Grassland in Northern China", *Solid Earth*, 2016, 7 (1): 55 – 65; Xie R. and Wu X., "Effects of Grazing Intensity on Soil Organic Carbon of Rangelands in Xilin Gol League, Inner Mongolia, China", *Journal of Geographical Sciences*, 2016, 26 (11): 1550 – 1560; Herrero - JáUregui C. and Oesterheld M., "Effects of Grazing Intensity on Plant Richness and Diversity: A Meta - Analysis", *Oikos*, 2018, 127 (6): 757 – 766; Huang X., Luo G. and Ye F., "Effects of Grazing on Net Primary Productivity, Evapotranspiration and Water Use Efficiency in the Grasslands of Xinjiang, China", *Journal of Arid Land*, 2018, 10 (4): 588 – 600.

③ Qian J., Wang Z. and Liu Z., "Belowground Bud Bank Responses to Grazing Intensity in the Inner Mongolia Steppe, China", *Land Degradation & Development*, 2017, 28 (3): 822 – 832; Tang S., Zhang, Y., Zhai X., et al., "Effect of Grazing on Methane Uptake from Eurasian Steppe of China", *BMC Ecolog*, 2018, 18 (1): 11 – 17; Pan W, Song Z. and Liu H., "Impact of Grassland Degradation on Soil Phytolith Carbon Sequestration in Inner Mongolian Steppe of China", *Geoderma*, 2017, 308: 86 – 92.

④ Kusunose Y., V. ThéRiault and Alia D., "Can Customary Land Tenure Facilitate Agricultural Productivity Growth? Evidence from Burkina Faso", *Land Economics*, 2020, 96.

⑤ 王倩、余劲：《农地流转对粮食生产投入产出的冲击效应》，《西北农林科技大学学报》（社会科学版）2015 年第 4 期。

第二节 相关概念界定与理论基础

一 草地流转

草地是一种特有的生态系统，其最主要的功能是发展畜牧业生产。草地流转是指拥有草地所有权的牧民将草地的使用权通过转包、互换和租赁等方式转让给其他牧民。本部分研究所指的草地流转，既包括牧民转入草地，也包括牧民转出草地。通过牧民间草地使用权的转移，一方面，可以缓解租入草地牧民家庭的草地资源紧缺情况，这有助于实现畜牧业的规模化经营，提高草地的利用效率，缓解生态环境恶化趋势；另一方面，有助于转出草地牧民家庭通过赚取草地租赁费来提高收入水平，解决草地资源闲置与利用不足的问题。[①] 草地转入方和转出方的利益，需要制定相关政策予以保证，从而维持草地租赁市场的持续稳定发展，进而为草原畜牧业的发展提供良好环境。

二 规模经济

规模经济理论是指在某一特定时间内，厂商加大对某一产品的产量时，此类产品的平均成本下降。牧区牧民间的草地流转行为会促进畜牧业的规模化道路，与此同时，随着畜牧业的规模化程度加深，也会反向促进牧民间的草地流转行为。就牧民而言，草地具有经济功能与社会保险和抵御风险的作用。随着草地流转市场的完善

---

① 张引弟、孟慧君、塔娜：《牧区草地承包经营权流转及其对牧民生计的影响——以内蒙古草原牧区为例》，《草业科学》2010年第5期。

与发展，不仅使得原本草地面积狭小的牧民有了增加草地的渠道，还可以使草地从生产效率较低的家庭转向生产效率较高的家庭。进行草地流转的牧户，首先需要有流转意愿，其次需要具有一定的社会保障水平和抵御风险能力，潜在的阻碍因素也是牧民进行草地流转时所需要考虑的。对想要扩大畜牧业生产规模的牧户来说，是否参与草地流转取决于在租入草地后能否提升家庭总收入及生产效率，降低风险。如果牧民预期参与草地流转会使得收入提高、风险降低，那么他就会租入草地；如果他租入草地获得的收入去除生产成本之后获得的收益较小或为负，其将不会参与草地流转。所以，牧民间的草地流转行为会重新分配草地资源和劳动力资源，从而提高牧民福利水平，降低畜牧业生产成本，增加牧民家庭收入。因此，牧户的小规模畜牧业经营应向集约化的大规模经营方向发展。

三　技术效率理论

技术效率是指当既定各生产要素的投入比例一定时，在产品的产出水平与市场价格水平稳定的情况下，生产某种产品所需的最少投入和最低生产成本之间的比例关系。[1] 从事畜牧业生产的牧户中，不同的牧民家庭对草场有不同的需求。相关文献表明，除土地以外的其他要素市场存在缺陷的情况下，参与土地流转租赁能够通过平衡农户之间农地与非农地的要素比重来提高农户的生产率。在现实情况中，有很多国家的劳动力市场和其他要素市场并不完善，而土地流转租赁市场能够使相对于某些生产资本而言拥有土地数量较少的农民获得土地，从而吸收剩余劳动力，进而促进公平、提高农业

---

[1] Farrell M. J., "The Measurement of Productive Efficiency", *Journal of the Royal Statistical Society: Series A (General)*, 1957, 120 (3): 253 – 281.

生产率。所以在畜牧业生产中，只有使牧户拥有的机械设备、劳动力、资本与其拥有的草地面积达到最佳组合时，单位生产成本才能最小。牧民之间的草地流转行为的目标是实现自身利益最大化，他们总是选择能使单位草地生产成本达到最低的草场经营面积。本部分的一项研究是通过OLS模型考察牧民间的草地流转行为对其生产投入的影响。

第三节　数据来源、模型设定与变量说明

一　数据来源

内蒙古是中国的第一大牧区，锡林郭勒盟牧区位于草原的中间地带，是内蒙古的主要牧区之一，草原类型多样，是内蒙古最典型的草原地区。所以本章所采用的数据基于锡林浩特市（XL）2013年、2014年和2015年牧区的入户调查面板数据。牧户调研数据详细获取了锡林郭勒盟牧区牧户的畜牧业养殖与销售的基本状况、畜牧业生产投入状况、草地利用及流转状况、牧户融资及年收支状况，还包括牧户各个家庭成员详细的个体特征等信息，为研究草地流转的经济影响提供了有力的数据支持。前期通过对原始调研数据进行合并整理与筛选，删除不符合条件的观测值，最终得到411个研究样本。

二　模型设定

本节通过面板数据模型来评估草地流转的经济影响。主要包括草地流转对于牧户年收入的影响、草地流转对于牧户年消费的影响和草地流转对于牧户生产投入的影响三个方面。本节涉及三个基本

回归模型，结合数据可得性与已有的相关研究，建立如式（6-1）、式（6-2）、式（6-3）所示的基本回归模型。

$$Income_{it} = \beta_0 + \beta_1 DumTransfer_{it} + \beta_2 Scale_{it} + \beta_3 Livestock_{it} +$$
$$\beta_4 GCArea_{it} + \beta_5 NonAH_{it} + \beta_6 EduLevel_{it} +$$
$$\beta_7 Age_{it} + \beta_8 Cadre_{it} + \varepsilon_{it} \quad (6-1)$$

$$\ln Consume_{it} = \beta_0 + \beta_1 DumTransfer_{it} + \beta_2 Scale_{it} + \beta_3 Livestock_{it} +$$
$$\beta_4 GCArea_{it} + \beta_5 NonAH_{it}d + \beta_6 EduLevel_{it} +$$
$$\beta_7 Age_{it} + \beta_8 Cadre_{it} + \varepsilon_{it} \quad (6-2)$$

$$Invest_{it} = \beta_0 + \beta_1 DumTransfer_{it} + \beta_2 Scale_{it} + \beta_3 Livestock_{it} +$$
$$\beta_4 GCArea_{it} + \beta_5 NonAH_{it} + \beta_6 EduLevel_{it} +$$
$$\beta_7 Age_{it} + \beta_8 Cadre_{it} + \varepsilon_{it} \quad (6-3)$$

其中，式（6-1）为草地流转对于牧户年收入影响的评估模型，式（6-2）为草地流转对于牧户年消费影响的评估模型，式（6-3）为草地流转对于牧户畜牧业生产投入影响的评估模型。模型中所涉及的变量如下。

第一，被解释变量。$Income$ 为牧户年收入总额，单位为十万，$\ln Consume$ 为牧户年消费总额，采取年消费总额的对数来衡量。$Invest$ 为牧户年生产投入总额，单位为十万。

第二，核心解释变量。$DumTransfer$ 为牧户是否参与草地流转行为虚拟变量，包括转入草地和转出草地。若牧户有草地流转行为则赋值为1，牧户没有草地流转行为则为0。

第三，控制变量。$Scale$ 为草地流转规模变量，通过参与流转草地的面积来衡量，单位为平方千米。$Livestock$ 为牧户拥有的牲畜数量变量，为各类型牲畜年底存栏数的加总。$GCAera$ 为牧户拥有的草场面积变量，单位为平方千米。*NonAH* 为牧户是否有非畜牧业收入变量，若牧户有非畜牧业收入则赋值为1，没有非畜牧业收入则赋值为0。此外，本书还包括一系列代表牧户户主的个体特征。*EduLevel* 为牧户户主的受教育水平变量，通过其受教育年限来衡量。*Age* 为牧户户主年龄变量，通过牧户户主的实际年龄来衡量。*Cadre* 为牧户户主是否为嘎查干部变量，若牧户户主是嘎查干部则赋值为1，否则赋值为0。具体变量定义如表6-1所示。

表6-1　　　　　　　　　　　变量定义

变量名	变量定义
Income(总收入)	牧户年总收入额,单位为十万
ln *Consume*(总支出)	牧户年总支出额,采取年消费总额的对数来衡量
Invest(总投入)	牧户总生产投入额,单位为十万
DumTransfe(草地是否流转)	若牧户有草地流转行为则赋值为1,没有草地流转行为则赋值为0
Scale(流转规模)	参与流转草地的面积,单位为平方千米
Livestock(牲畜数量)	牧户拥有牲畜的数量,为各类型牲畜年底存栏数的加总
GCAera(草地面积)	牧户拥有草场的面积,单位为平方千米
NonAH(是否有非畜牧业收入)	若牧户有非畜牧业收入则赋值为1,否则赋值为0
EduLevel(受教育年限)	牧户户主的受教育水平,通过其受教育年限来衡量
Age(年龄)	牧户户主年龄,通过牧户户主的实际年龄来衡量
Cadre(是否为嘎查干部)	若牧户户主是嘎查干部则赋值为1,否则赋值为0

第四节 草地流转经济影响的实证结果及分析

一 描述性统计

表6-2报告了本节使用各个变量的描述性统计结果。可以看出，$Income$ 的均值为1.04，中位数为0.74。ln $Consume$ 的均值为0.87，中位数为0.69。$Invest$ 的均值为1.22，中位数为0.68。$DumTransfer$ 的均值为0.50，中位数为1.00。$Scale$ 的均值为1.49，中位数为0.33。$Livestock$ 的均值为180.43，中位数为65.00。$GCAera$ 的均值为3.12，中位数为2.40。$NonAH$ 的均值为0.22，中位数为0.00。$EduLevel$ 的均值为7.83，中位数为9.00。Age 的均值为46.81，中位数为46.00。$Cadre$ 的均值为0.06，中位数为0.00。

表6-2 主要变量的描述性统计结果

变量	均值	标准差	最小值	中位数	最大值
$Income$（总收入）	1.04	0.05	0.00	0.74	6.75
ln $Consume$（总支出）	0.87	0.05	0.00	0.69	5.33
$Invest$（总投入）	1.22	0.11	0.00	0.68	30.11
$DumTransfer$（草地是否流转）	0.50	0.02	0.00	1.00	1.00
$Scale$（流转规模）	1.49	0.13	0.00	0.33	25.36
$Livestock$（牲畜数量）	180.43	11.60	0.00	65.00	1200.00
$GCAera$（草地面积）	3.12	0.17	0.00	2.40	27.77
$NonAH$（是否有非畜牧业收入）	0.22	0.02	0.00	0.00	1.00

续 表

变量	均值	标准差	最小值	中位数	最大值
EduLevel(受教育年限)	7.83	0.16	0.00	9.00	15.00
Age(年龄)	46.81	0.48	25.00	46.00	73.00
Cadre(是否为嘎查干部)	0.06	0.01	0.00	0.00	1.00

注：样本数为441。

二 基本回归结果

本节分别从收入、消费和投入来考察牧民草地流转行为的经济影响。采用最小二乘法（OLS）对此前建立的三个基本模型进行估计，结果列示在表6-3、表6-4、表6-5中，其中，表6-3为草地流转对牧户收入的经济影响评估结果，表6-4为草地流转对牧户消费的经济影响评估结果，表6-5为草地流转对牧户生产投入的经济影响评估结果。此外，为了考察草地流转行为对生产投入影响的内部结构性差异，将牧户的生产投入分为畜牧养殖投入、饲料种植投入和固定资产投入三个部分，进行分组回归，结果列示在表6-6中。

（一）草地流转对牧户收入的经济影响评估

根据研究设计，采用多元线性回归研究草地流转对牧民收入的影响，结果列示在表6-3中。其中，表6-3第（1）列为解释变量草地是否流转对于被解释变量牧户年收入的单变量回归，此时，回归系数为0.491，并在1%的水平下通过显著性检验。第（2）列引入流转规模、牲畜数量、草地面积、是否有非畜牧业收入以及一些代表牧户户主个体特征等的可能影响牧户收入的控制变量，此时，核心解释变量草地是否流转系数为0.387，在1%的水平下通过显著性检验。第（3）列在第（2）列的基础上控制时间效应，核心解释变量草地是否流转回归系数为0.286，仍在1%的水平下通过显著性检验。第（4）列同时控制时间效应和个体效应，核心解释变量草地是否流转回归系数为0.244，在10%的水平下通过显著性检验，表明牧户之间的草地流转行为会显著提高其收入水平，换言之，草地流转对牧户收入具有显著正向影响。此外，控制变量草地面积回归系数显著为正，表明牧户拥有的草地面积越大，其收入水平也越高。

表6-3　草地流转对牧户收入的经济影响评估结果

被解释变量	牧户年收入			
	（1）	（2）	（3）	（4）
草地是否流转	0.491*** (4.73)	0.378*** (3.46)	0.286*** (2.73)	0.244* (1.85)
流转规模	—	0.000 (0.01)	0.028 (1.28)	-0.031 (-1.17)
牲畜数量	—	0.000 (0.50)	0.001* (1.89)	-0.001 (-1.64)
草地面积	—	0.125*** (7.69)	0.053*** (2.84)	0.059** (2.27)
是否有非畜牧业收入	—	-0.060 (-0.51)	0.036 (0.32)	0.151 (1.18)
受教育年限	—	-0.007 (-0.42)	0.002 (0.15)	-0.003 (-0.15)
年龄	—	0.006 (1.08)	0.008 (1.55)	0.010 (1.63)
是否为嘎查干部	—	0.234 (1.33)	0.201 (1.21)	0.131 (0.65)

续 表

被解释变量	牧户年收入			
	(1)	(2)	(3)	(4)
时间效应	No	No	Yes	Yes
个体效应	No	No	No	Yes
常数项	0.794*** (10.77)	0.230 (0.76)	0.676** (2.29)	0.816** (2.19)
Observations	411	411	411	411
R-squared	0.013	0.246	0.369	0.417

注：*、**、***分别表示10%、5%、1%水平上显著。括号内为 t 值。

（二）草地流转对牧户消费的经济影响评估

表6-4为草地流转对牧户消费的经济影响评估结果，第（1）列为解释变量草地是否流转对于被解释变量牧户年消费对数的单变量回归，此时，回归系数为1.346，并在1%的水平下通过显著性检验。第（2）列引入流转规模、牲畜数量、草地面积、是否有非畜牧业收入以及一些代表牧户户主个体特征等的可能影响牧户消费的控制变量，此时，核心解释变量草地是否流转系数为1.516，在1%的水平下通过显著性检验。第（3）列在第（2）列的基础上控制时间效应，核心解释变量草地是否流转回归系数为0.79，仍在1%的水平下通过显著性检验。第（4）列同时控制时间效应和个体效应，核心解释变量草地是否流转回归系数为0.668，在10%的水平下通过显著性检验，表明牧户之间的草地流转行为会显著提高其消费水平，换言之，草地流转对牧户消费具有显著正向影响。

表6-4　　草地流转对牧户消费的经济影响评估结果

被解释变量	牧户年消费对数			
	(1)	(2)	(3)	(4)
草地是否流转	1.346*** (3.08)	1.516*** (3.68)	0.790*** (3.05)	0.668* (1.91)
流转规模	—	-0.340*** (-4.08)	-0.015 (-0.28)	-0.092 (-1.33)
牲畜数量	—	0.002*** (2.68)	-0.000 (-0.09)	-0.001 (-0.70)
草地面积	—	0.671*** (10.92)	0.044 (0.94)	0.058 (0.84)
是否有非畜牧业收入	—	-0.422 (-0.95)	-0.360 (-1.29)	-0.381 (-1.13)
受教育年限	—	-0.170*** (-2.89)	-0.014 (-0.37)	0.019 (0.35)
年龄	—	-0.022 (-1.11)	0.003 (0.23)	0.019 (1.19)
是否为嘎查干部	—	-1.665** (-2.50)	-1.256*** (-3.03)	-0.173 (-0.33)
时间效应	No	No	Yes	Yes
个体效应	No	No	No	Yes
常数项	8.081*** (26.06)	8.549*** (7.51)	10.951*** (15.03)	10.168*** (10.31)
Observations	411	411	411	411
R-squared	0.0142	0.511	0.832	0.839

注：*、**、*** 分别表示10%、5%、1%水平上显著。括号内为 t 值。

(三) 草地流转对牧户生产投入的经济影响评估

表6-5为草地流转对牧户生产投入的经济影响评估结果，第(1)列为解释变量草地是否流转对于被解释变量牧户生产投入的单变量回归，此时，回归系数为0.464，并在5%的水平下通过显著性检验。第(2)列引入流转规模、牲畜数量、草地面积、是否有非畜牧业收入以及一些代表牧户户主个体特征等的可能影响牧户生产投入的控制变量，此时，核心解释变量草地是否流转系数符号由正变为负，其数值为-0.414，在10%的水平下通过显著性检验。第(3)列在第(2)列的基础上控制时间效应，核心解释变量草地是否流转回归系数为-0.532，此时在5%的水平下通过显著性检验。第(4)列同时控制时间效应和个体效应，核心解释变量草地是否流转回归系数为-0.577，在10%的水平下通过显著性检验，表明牧户之间的草地流转行为会显著降低其生产投入，换言之，草地流转对牧户生产投入具有显著负向影响。此外，流转规模变量回归系数在逐步引入控制变量、控制时间效应、控制个体效应中，始终显著为正，均在1%的水平下通过显著性检验，表明牧民草地的流转规模对于其生产投入具有显著正向影响。

表6-5　　草地流转对牧户生产投入的经济影响评估结果

被解释变量	牧户总体投入			
	(1)	(2)	(3)	(4)
草地是否流转	0.464** (1.98)	-0.414* (-1.67)	-0.532** (-2.19)	-0.577* (-1.86)
流转规模	—	0.304*** (6.14)	0.357*** (7.18)	0.389*** (6.30)

续　表

被解释变量	牧户总体投入			
	(1)	(2)	(3)	(4)
牲畜数量	—	0.001* (1.93)	0.001 (1.53)	0.001 (1.51)
草地面积	—	0.093*** (2.62)	-0.029 (-0.66)	-0.004 (-0.06)
是否有非畜牧业收入	—	0.076 (0.29)	0.146 (0.57)	0.028 (0.09)
受教育年限	—	-0.007 (-0.20)	0.018 (0.51)	-0.029 (-0.61)
年龄	—	0.011 (0.98)	0.015 (1.35)	0.016 (1.11)
是否为嘎查干部	—	0.130 (0.33)	0.144 (0.38)	0.404 (0.86)
时间效应	No	No	Yes	Yes
个体效应	No	No	No	Yes
常数项	1.002*** (5.72)	0.033 (0.05)	0.531 (0.77)	0.627 (0.72)
Observations	411	411	411	411
R-squared	0.003	0.226	0.251	0.259

注：*、**、***分别表示10%、5%、1%水平上显著。括号内为 t 值。

为进一步探析草地流转对于牧户生产投入的内部结构性差异影响，本节将牧户的生产投入更加细致地分为畜牧养殖投入、饲料种植投入和固定资产投入三个部分。其一，畜牧养殖投入，是牧民从事畜牧业进行的最主要的生产投入。主要包括租用和维护草场的各类费用、各类饲料投入、繁殖防疫投入、劳动力投入、与畜牧养殖有关的燃油和机械设备投入、收割牧草投入、雇用羊倌投入等。其二，饲料种植投入，是指牧民为从事畜牧业进行的牧草和饲料种植投入。具体包括租用用以种植牧草和饲料的土地的租金、购买各种种子农药的费用以及播种、耕地、收割等费用。其三，固定资产投入，主要包括牧民购入的房产以及修建用于畜牧业生产的各种畜舍等的投入。在同时控制时间效应和个体效应的情况下，草地流转对于牧户生产投入影响的内部结构性差异结果列示在表 6-6 中。第（1）列为草地流转对于畜牧养殖投入的影响，可以看出，核心解释变量草地是否流转的回归系数为 -0.56，在 1% 的水平下通过显著性检验，表明牧户之间的草地流转行为会对其生产投入中的畜牧养殖投入部分产生负向影响。第（2）列为草地流转对于饲料种植投入的影响，可以看出，核心解释变量草地是否流转的回归系数为 0.005，但在统计上不显著，表明草地流转行为对于牧民生产投入中的饲料种植投入部分没有显著影响。第（3）列为草地流转对于固定资产投入的影响，可以看出，核心解释变量草地是否流转的回归系数为 -0.021，在统计上不显著，表明草地流转行为对于牧民生产投入中的固定资产投入部分也没有显著影响。第（4）列为草地流转对于总生产投入的影响，核心解释变量草地是否流转回归系数为 -0.577，在 10% 的水平下通过显著性检验。至此我们可以发现，牧户之间的草地流转行为会显著降低其生产投入，会对其生产投入产生负向影响，而这种负向影响，主要是通过减少牧民的畜牧养殖投入来表现的。

表6-6 草地流转对牧户生产投入影响的内部结构性差异结果

变量	畜牧养殖	饲料种植	固定资产	投入总体
草地是否流转	-0.560*** (-3.33)	0.005 (0.29)	-0.021 (-0.08)	-0.577* (-1.86)
流转规模	0.331*** (9.87)	0.001 (0.27)	0.057 (1.09)	0.389*** (6.30)
牲畜数量	0.001* (1.81)	-0.000 (-0.93)	0.000 (0.67)	0.001 (1.51)
草地面积	-0.011 (-0.33)	-0.002 (-0.66)	0.009 (0.18)	-0.004 (-0.06)
是否有非畜牧业收入	-0.071 (-0.44)	0.013 (0.88)	0.085 (0.33)	0.028 (0.09)
受教育年限	-0.009 (-0.36)	0.006** (2.50)	-0.026 (-0.64)	-0.029 (-0.61)
年龄	0.010 (1.27)	0.000 (0.29)	0.006 (0.48)	0.016 (1.11)
是否为嘎查干部	0.349 (1.37)	-0.020 (-0.83)	0.075 (0.19)	0.404 (0.86)
时间效应	Yes	Yes	Yes	Yes
个体效应	Yes	Yes	Yes	Yes
常数项	0.083 (0.18)	-0.047 (-1.06)	0.591 (0.79)	0.627 (0.72)
Observations	411	411	411	411
R-squared	0.357	0.061	0.079	0.259

注：*、**、***分别表示10%、5%、1%水平上显著。括号内为 t 值。

第五节 研究结论与政策建议

一 研究结论

草地流转作为优化牧区草场资源配置的重要方式，对于推动中国现代畜牧业发展和草原生态环境保护具有重要意义。本章使用来自内蒙古自治区锡林郭勒盟牧区2013年、2014年和2015年入户调研数据，运用最小二乘（OLS）模型，在控制了可能影响牧户之间草地流转行为的因素之后，分别从牧户收入、消费以及生产投入三个方面入手，实证分析了草地流转的经济效应。综合以上章节分析，提炼出本章的主要研究结论。其一，草地流转对于牧户收入的影响，牧户间的草地流转行为对其收入水平具有显著正向影响。此外，牧户拥有的草地面积也会对其收入水平产生正向影响。其二，草地流转对于牧户消费的影响，牧户间的草地流转行为会显著提升其消费水平。其三，草地流转对于牧户生产投入的影响，牧户之间的草地流转行为会显著降低其生产投入，会对其生产投入产生负向影响，具体地，这种负向影响主要是通过减少牧民的畜牧养殖投入来表现的。

因此，本书认为，与未参与草地流转的牧户相比，参与草地流转的牧户之间的草地流转行为对其自身有着显著的经济效应，具体而言，草地流转不仅有利于提高其收入水平，而且会促进消费，还会对其生产投入产生显著影响。

二 启示

本书的研究结论对于今后中国如何发展现代畜牧业，实现适度规模经营以及提升牧民收入水平与福利水平具有一定的启示意义。

首先，经研究发现，草地流转有助于提高牧民的收入水平与消费水平，所以要进一步提高草地流转的市场化程度，从而优化草地资源的配置效率。草地流转的市场化程度越高，便可以使牧民在相关的平台上获取充分有用的流转信息，使市场在草地流转过程中发挥决定性作用，降低草地流转的交易成本。同时，要促进草地流转市场良性发育。应当合理引导规范草地流转市场，鼓励牧民不盲目扩大草场面积，遵循自然规律与自然经济条件，坚持适度规模经营原则，使经营主体资源禀赋与自身经营能力相匹配。

其次，进一步建立健全牧民社会保障体系。随着中国不断深化草地家庭承包责任制度改革，在促进畜牧业发展的同时，也产生了一些如草场细碎化、过度放牧造成生态环境退化等一系列问题。因此，部分牧民通过转出草场，从事其他产业来维持生计。草地流转有助于草地资源的二次配置，对于促进牧区畜牧业发展、提高牧民收入等方面具有重要意义，而当牧民的社会保障体系缺失或者不健全时，会增加牧民参与草地流转后的生计担忧，降低其参与草地流转的意愿，使草地资源的优化配置受阻。因此建议，在牧民现有的社会保障体系的基础上，进一步完善和提升牧民的社会保障体系和社会保障水平，争取实现等同城镇居民享有的社会保障，例如基本医疗、养老保险和教育投入。同时配以有力的政策宣传，提升牧民对于社会保障体系的认知度，并鼓励牧民积极参与。

最后，规范政府的政策实施管理，提升牧民的制度信任。各级政府和部门不仅要积极规范和引导草地流转市场，同时还要规范其自身制定政策和实施政策的流程，从而增加牧民对政策制度的信任，进而树立政府的公信力、提高政府威望。这样有利于提高牧民的保障感知以及社会信任水平，增强草地流转相关政策的实施效果，提高草地流转的参与率。

第七章

草原排他性产权强化对劳动力转移的影响

在劳动力各部门无约束自由流动的前提假设条件下,健全农地产权制度会使得农地单位面积预期产出有所增加,一部分劳动力流向农业部门,且农业部门劳动力转移减少,所以在以往对土地稳定性的研究中,将农地产权制度完备性水平不高看作对农业产出征税。

通过梳理中国农地(包括草牧场)产权制度的历史变化,可知不仅农地的产权制度在逐步完善,草牧场的产权制度完备性水平也逐步提高,但相较于农地的高排他性,草牧场具有排他性差的特征,因此草牧场产权制度在家庭承包责任制的基础上可再细分为三个阶段,即固定草牧场使用权、草畜双承包(包畜到户、牲畜作价归户、包草到户)、双权一制。在此过程中,由于基层政府对政策并没有很好地落实,导致权属不清、使用权稳定性较差、流转权受约束、承包经营权缺乏自主性等问题仍然没有得到解决,承包草牧场的牧户则往往面临着被重置、占用、征用和约束流转的风险。在本章的模型中,创新点在于本章考虑了在土地产权制度完备性不足的情况下,劳动力存在约束。因为牧户为了维持其草牧场的实际占有权,需要使用、看护草牧场,限制了劳动力流动,保障了草牧场的社会保障和失业保险功能。同时,流转受限进一步导致了草牧场面积与劳动力数量不匹配的问题。

政府为了土地产权制度的进一步完善,通过签订承包合同、发放承包经营权证,逐步明确承包双方权责、承包期限、草场面积、位置以及政府补贴修建围栏来明晰草场界限等措施加快草牧场确权进程,改善草牧场产权完备性水平不高的问题。本章模型旨在从理论层面研究产权制度完备性是如何影响劳动力转移的,并为后续分析提供理论基础。

第一节 模型的构建

本章使用标准的农业产出模型 $Y_h = \gamma A^\alpha H_h^\beta$,模型中 $0 < \alpha, \beta < 1$,A 为土地面积,γ 为全要素生产率。当投入牧业劳动时间为 H_h 时,获得的产出为 Y_h,其中牧业劳动时间,包括草场放牧、打草、家庭劳动(饲养)以及与牧业相关的一切活动所花费的时间总和。同时,对于牧业家庭而言,存在劳动力转移,即家庭成员可以选择外出务工,此处用非牧劳动时间代替。因此,在工资水平 w_o 的前提下,从事非牧劳动的时间为 H_o,获得的收入为 $w_o H_o$。家庭效用是准线性的,见式(7-1)。

$$U(C, L) = C + V(L) \tag{7-1}$$

其中,C 是消费,L 是休闲,且休闲效用是凹函数($v' > 0$, $v'' < 0$)。牧业家庭总时间 T 可被划分为牧业劳动时间 H_h、非牧业劳动时间 H_o(外出务工时间)以及休闲时间 L,所以时间约束为式(7-2)。

$$T = H_h + H_o + L \tag{7-2}$$

家庭预算约束为(I 为非劳动收入)式(7-3)。

$$C = \gamma A^\alpha H_h^\beta + w_o H_o + I, I 为非劳动收入 \tag{7-3}$$

第七章 草原排他性产权强化对劳动力转移的影响

在传统的模型中,将产权无法得到保障作为减少预期劳动产出的影响因素。[①] 因此,将产权的完备性水平作为参数加入产出模型中,即 $Y_h = s\gamma A^{\alpha} H_h^{\beta}$,且 $s \in [0,1]$ 表示产权完备性水平。通过一阶求导得出以下预测,见式 (7-4)。

$$\frac{\partial H_h}{\partial s} = \frac{H_h}{s\beta} > 0 \qquad (7-4)$$

可以看出,改善土地产权完备性水平导致牧业劳动时间增加,相应的非牧业劳动时间减少。从式 (7-4) 求导后的结果大于 0 可以看出,牧业劳动时间会随着土地产权完备性水平的提高而增加,非牧业劳动时间则与土地产权完备性水平呈负相关关系。

在中国,正如农民对农村土地只有实际占有权而没有所有权(所有权归集体所有),对于内蒙古的牧民来说,为了维持牧民对于草牧场的实际占有权,牧民需要通过从事牧业劳动来实现对草牧场产权的监管,这使得整个家庭的劳动和休闲时间决策都会受到维持草牧场生产和社会保障功能的影响。因此,本章将从事牧业劳动时间的产权安全性价值作为家庭公共产品放入模型。同时,家庭成员从事牧业劳动时间和家庭所拥有的草牧场产权的完备性水平 θ 决定了草牧场产权的安全性。

为了简化处理,我们对模型进行假设。第一,没有外界的劳动力市场为牧业家庭提供草场监管服务。因为雇用劳动力存在监管不力的风险,所以该假设可以被合理的解释,尽管在更加复杂的模型中会存在该市场,且最终取决于产权水平 θ。第二,产权制度完善和确权(包括明确承包双方权责、承包期限、草场面积、位置、以及边界和

[①] Besley T., Ghatak M., "Property Rights and Economic Development", *Handbook of Development Economics*, 2010, 5: 4525-4595.

补贴修建围栏等）会提高草牧场产权 θ 的完备性水平。第三，在这个模型中，用于牧业劳动的时间与监管时间是完全替代的。第四，这个模型是一个统一的家庭模型，因此我们假定所有家庭成员面临相同的劳动力市场工资 w_o。第五，短期内，草场面积是一定的 $\bar{A}$；第六，因为约束流转问题，所以不存在规模报酬递增，即 $\alpha+\beta<1$。

草牧场产权安全性，即 $s=s(H_h,\theta)$，s、$\theta\in[0,1]$。其中，$s(\cdot)$ 是连续二阶可导的凹函数，且是每个参数的增函数。产权安全性函数表示 s 只由外生给定的产权水平 θ 和从事牧业劳动时间 H_h 决定。

Goldstein 和 Udry[①] 研究得出产权的完备性越低，就需要较高的产出来维持土地的使用权，所以 Janvry 等[②] 对传统模型进行改良，引入单位土地最低产出的概念，见式（7-5）。

$$\frac{Y_h}{\bar{A}}\geqslant\frac{\pi_m}{s} \qquad (7-5)$$

其中，π_m 为最低产出（最低产出为单位草场面积投入最少劳动时间的产出）。对于牧民而言，由于产权不完备，要想维持草牧场的产权（实际占有权），单位面积需投入最少牧业劳动时间，同时也是监管时间，此时，便存在劳动力转移约束。

若没有劳动力转移约束，从事牧业工作的最佳劳动时间分配（边界条件 $\frac{\partial Y_h}{\partial H_h}=w_o$）为式（7-6）。

---

① Goldstein M., Udry C., "The Profits of Power: Land Rights and Agricultural Investment in Ghana", *Journal of Political Economy*, 2008, 116 (6): 981-1022.

② De Janvry A., Emerick K., Gonzalez-Navarro M., et al., "Delinking Land Rights from Land Use: Certification and Migration in Mexico", *American Economic Review*, 2015, 105 (10): 3125-3149.

$$H_h^* = \left(\frac{\gamma\beta}{w_o}\right)^{\frac{1}{1-\beta}} \bar{A}^{\frac{\alpha}{1-\beta}} \qquad (7-6)$$

可知，H_h^* 是 $\bar{A}$ 的增函数和凸函数。当存在单位草场面积投入最少劳动时间（监管时间）约束时，投入最少牧业劳动总时间为 $\underline{H_h}$，此时 $\frac{\partial Y_h}{\partial H_h} = \frac{\pi_m}{s}$，见式（7-7）。

$$\underline{H_h} = \left(\frac{\pi_m}{s\gamma}\right)^{\frac{1}{\beta}} \bar{A}^{\frac{1-\alpha}{\beta}} \qquad (7-7)$$

或者选择直接放弃土地的实际所有权。根据模型可知，投入最少牧业劳动时间（监管时间）$\underline{H_h}$ 是草场面积 $\bar{A}$ 的增函数和凹函数。当存在劳动力转移约束时，草场面积小于 $\bar{A}_0$，这里的 $\bar{A}_0$ 是 $H_h^* = \underline{H_h}$ 时的面积，见式（7-8）。

$$\bar{A}_0 = \left[\frac{1}{\gamma}\left(\frac{\pi_m}{s}\right)^{1-\beta}\left(\frac{w_o}{\beta}\right)^{\beta}\right]^{\frac{1}{\alpha+\beta-1}} \qquad (7-8)$$

当存在劳动力转移约束时，从事牧业劳动单位时间的产出为式（7-9）。

$$\frac{Y_h}{H_h} = \gamma \bar{A}^{\alpha} H_h^{\beta-1} = \gamma^{\frac{1}{\beta}}\left(\frac{\pi_m}{s}\right)^{1-\frac{1}{\beta}} \bar{A}^{\frac{\alpha+\beta-1}{\beta}} \qquad (7-9)$$

当存在劳动力转移约束时，相较于不存在的情况，牧民家庭在牧业劳动上分配更多的时间。也就是说，只要牧业劳动的单位产出 $Y_h/H_h \geq w_o$，那么就优先分配 $\underline{H_h}$ 从事牧业劳动。此处，存在一个面积临界点 $\bar{A}_1$，即牧民家庭倾向于放弃土地全部从事非牧劳动，见式（7-10）。

$$\bar{A}_1 = \left[\frac{1}{\gamma}\left(\frac{\pi_m}{s}\right)^{1-\beta} w_o^{\beta}\right]^{\frac{1}{+\beta-1}} = \beta^{\frac{\beta}{\alpha+\beta-1}} \bar{A}_0 \qquad (7-10)$$

图 7-1 表示不同草牧场面积水平下，存在劳力转移约束和劳动力自由流动两种情况的非牧业劳动时间分配均衡点变化趋势图。

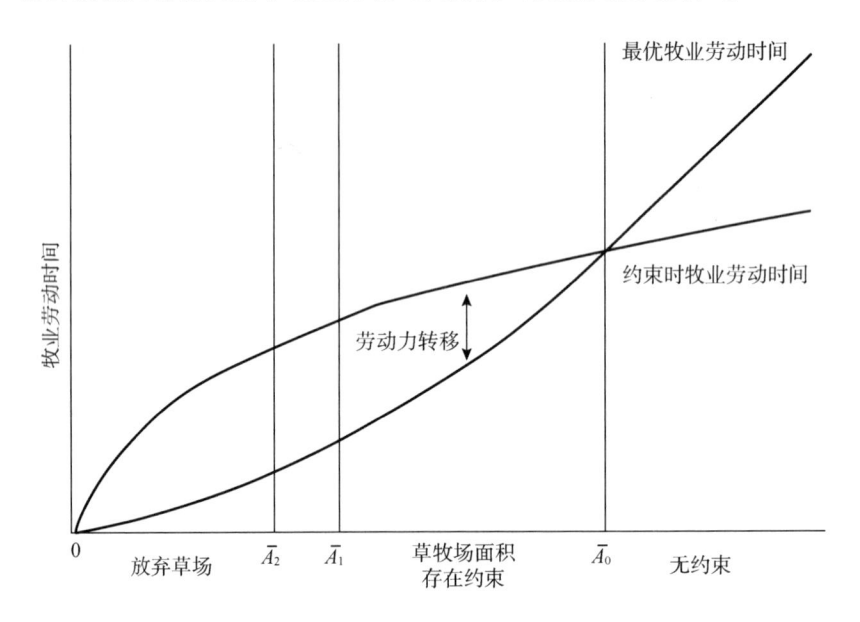

图 7-1 不同草牧场面积的牧业劳动时间变化趋势

由上文可知，$\overline{A}_0$ 是 $H_h^* = \underline{H}_h$ 时的面积，$\overline{A}_1$ 为面积临界点，即牧民家庭倾向于放弃土地全部从事非牧劳动，见式 (7-11)。

休闲时间取决于 $w_o = v'(L)$。

从事牧业劳动时间取决于（i）、（ii）和（iii）。

（i）$H_h = H_h^*$, $if \overline{A} \geq \overline{A}_0$

（ii）$H_h = \underline{H}_h$, $if \overline{A}_1 \leq \overline{A} \leq \overline{A}_0$

（iii）$H_h = 0$, $if \overline{A} \leq \overline{A}_1$

$$非牧劳动时间\ H_o = T - H_h - L \qquad (7-11)$$

从模型结果可以总结出，土地面积和非牧业劳动时间是互补的。草牧场面积较小的家庭，通常会选择放弃土地并从事非牧业劳动来替代牧业劳动，因为土地面积小导致单位牧业劳动时间产出无法弥补机会成本；草牧场面积中等的家庭，单位面积最少牧业劳动时间即监管时间受到限制，这导致了劳动力转移受到约束，所以最优选择是与不存在约束的情况相比，在牧业劳动上投入更多的时间；草牧场面积大的家庭，最优的选择是将所有的劳动时间都分配给牧业劳动，因为这类家庭草牧场面积大，单位劳动时间产出高，同时劳动力转移不受限制，所以通过牧业劳动监管草牧场的实际占有权是其劳动时间的最佳分配方式。本章根据调研收集到的数据，发现大部分牧民草牧场面积位于上述的中等水平。

第二节　产权完备性水平与劳动力转移

随着草牧场产权制度和政府确权的演进，草场的产权水平 θ 增加，实际占有权更加明晰，降低了草牧场被重置和其他牧民占用的风险，同时在一定程度上移除了该风险导致劳动力的转移约束。当存在劳动力转移约束时，草牧场面积 $\overline{A}_1 \leq \overline{A} \leq \overline{A}_0$，产权制度意味着牧业劳动时间减少，见式（7-12）。

$$\Delta H_h = H_h^* - \underline{H_h} \qquad (7-12)$$

反之，从事非牧劳动时间（外出务工时间）增加，也就意味着家庭劳动力转移增加、收入增多，见式（7-13）。

$$\Delta H_o = H_h - H_h^* = \left(\frac{\pi_m}{s\gamma}\right)^{\frac{1}{\beta}} \overline{A}^{-\frac{1-\alpha}{\beta}} - \left(\frac{\gamma\beta}{w_o}\right)^{\frac{1}{1-\beta}} \overline{A}^{\frac{\alpha}{1-\beta}} \qquad (7-13)$$

非牧业劳动时间增加的部分见图 7-1，同时，休息休闲时间不受影响，只取决于非牧劳动工资 w_o。

由以上公式，可通过家庭层面的异质性得到相关比较静态分析预测，从事非牧业的劳动时间在一定程度上取决于家庭规模（即 $H_o = T -$

$H_h - L$),但家庭规模并不是引起非牧业劳动时间变化的内在机制。非牧业劳动时间的增加主要是由于在产权制度完备性水平逐渐提高的进程中,草牧场的实际占有权也逐渐明晰。但是该模型无法预测单个家庭成员的行为,一方面是由于在模型构建的过程中没有将家庭成员的异质性考虑在内,另一方面,村集体并没有明确的规定牧业劳动必须由哪类家庭成员承担,所以,任何成年家庭成员都可以用从事牧业劳动的方式对草牧场的实际占有权实施监管。通过模型,预测可能影响劳动力转移的因素有产权的强度、非牧业劳动工资、草牧场面积和土地产出,通过上述公式可以得出与比较静态分析相关的所有结果。

草牧场产权完备性水平 $s = s(H_h, \theta)$,s、$\theta \in [0, 1]$,且是参数的增函数,此处我们只考虑产权水平 θ。草牧场产权制度逐渐完善,产权的水平可被认为参数 θ 的异质性,见式(7-14)。

$$\frac{\partial \Delta H_o}{\partial s} = \frac{\partial H_h}{\partial \theta} < 0 \qquad (7-14)$$

通过式(7-14)可知,草牧场产权制度的完备性与牧业劳动时间呈反比,草牧场产权制度越完备,在牧业劳动中所投入的时间越少,在非牧业劳动中所投入的时间越多,反之亦然。

较高的非牧劳动工资水平,意味着牧业家庭通过减少最优休闲时间 L,增加非牧劳动时间 H_o,见式(7-15)。

$$\frac{\partial \Delta H_o}{\partial w_o} = -\frac{\partial H_h^*}{\partial w_o} > 0 \qquad (7-15)$$

由式(7-15)可知,在不存在劳动力转移约束的前提条件下,非牧业劳动工资与牧业劳动时间投入呈反比,即非牧业劳动工资越高,分配给牧业劳动的时间越少。而劳动力转移约束又会随着草牧场产权制度的完善而被消除,最终会使得非牧业劳动时间投入随着非牧业劳动工资上涨而增加。

第七章 草原排他性产权强化对劳动力转移的影响

在模型中,不同的草牧场质量可被看作土地生产率参数 γ 的异质性。较高的土地生产率意味着较低的劳动力约束,见式(7-16)。

$$\frac{\partial \Delta H_o}{\partial \gamma} = \frac{\partial \underline{H_h}}{\partial \gamma} - \frac{\partial H_h^*}{\partial \gamma} < 0 \quad (7-16)$$

也就是说,在土地产权制度越来越完善的背景下,非牧业劳动时间投入与草牧场单位面积产出呈反比例关系,见式(7-17)、式(7-18)。

$$\frac{\partial \Delta H_o}{\partial \overline{A}} = \frac{\partial \underline{H_h}}{\partial \overline{A}} - \frac{\partial H_h^*}{\partial \overline{A}} = \left(\frac{\pi_m}{s\gamma}\right)^{\frac{1}{\beta}} \frac{1-\alpha}{\beta} A^{\frac{-1-\alpha-\beta}{\beta}} - \left(\frac{\gamma\beta}{w_o}\right)^{\frac{1}{1-\beta}} \frac{\alpha}{1-\beta} A^{\frac{-\alpha+\beta-1}{1-\beta}}$$
$$(7-17)$$

$$\overline{A}_2 = \overline{A}_1 \left[\frac{(1-\alpha)(1-\beta)}{\alpha\beta}\beta^{\frac{-1}{1-\beta}}\right]^{\frac{\beta(1-\beta)}{\alpha+\beta-1}} \quad (7-18)$$

由式(7-17)可知,由于产权逐渐完备,$\overline{A} > \overline{A}_2$ 时,随着草牧场面积 $\overline{A}$ 增加,从事非牧劳动时间下降。而 $\overline{A}_2$ 是在劳动力转移约束的牧业劳动时间曲线 $\underline{H_h}$ 与无劳动力转移约束的牧业劳动时间曲线 H_h^* 斜率相同处的草牧场面积。

其中,方括号内的值大于1,而括号项指数的取值不确定,可大于1也可小于1,意味着 $\overline{A}_2$ 与 $\overline{A}_1$ 的大小关系不确定。如果 $\overline{A}_1 < \overline{A}_2$,排除 $\overline{A} \in [\overline{A}_1, \overline{A}_2]$ 的可能性,随着草牧场面积增加,意味着单位牧业劳动时间产出增加,从事牧业劳动的机会成本下降,从而对劳动力转移的约束下降,从事非牧业劳动的时间降低。如果 $\overline{A}_1 > \overline{A}_2$,符合图7-1给出的情形。相同面积 $\overline{A}$ 条件下,从事牧业劳动时间差 $\Delta H_h = \underline{H_h} - H_h^*$ 随着 $\overline{A}$ 的增加逐渐缩小,意味着草牧场面积较大的牧业家庭在产权制度演进过程中逐渐明晰草牧场的实际使用权后增加的非牧劳动时间要小于草牧场面积小的牧业家庭。见式(7-19)。

$$\frac{\partial^2 \Delta H_o}{\partial \gamma \partial \overline{A}} < 0 \qquad (7-19)$$

由式（7-19）可知，草牧场产权完备性通过影响草牧场实际占有权明晰性，进而影响非牧业劳动时间，该影响机制存在异质性，不同草牧场产出和草牧场面积间均存在异质性。可以看出，对于草牧场面积较大的牧业家庭，产权制度完备性提高，高草场质量的牧户增加的非牧业劳动时间小于低草场质量的牧户增加的非牧业劳动时间；也可以解释为，对于处于低草场质量地区的牧户，产权制度完备性提高所带来的非牧业劳动时间的增加依据牧户所拥有的草牧场面积的不同而有所差异。

总的来说，土地产权制度完备性提高可以使草牧场的实际占有权更明晰，使得牧户的家庭总劳动时间得到更加合理有效的配置。

一是草牧场产权制度完备性与牧业劳动时间投入呈反比，与非牧业劳动时间投入呈正比；二是在草牧场产权制度完善的前提条件下，非牧业劳动时间投入与非牧业劳动工资水平呈正比例关系；三是牧业家庭非牧业劳动时间的投入与草牧场单位面积产出呈反比，草牧场单位面积的低产出可以促进劳动力转移；四是非牧业劳动时间的投入和劳动力转移与所拥有的草牧场面积呈反比；五是草牧场面积较大的牧业家庭，非牧业劳动时间投入增加依据草场质量高低而有所不同。

第三节 实证分析

一 计量模型设定

本节使用的面板数据来自课题组对内蒙古自治区2000—2015年36

个嘎查、216户牧户调查得到的包括人口统计学和劳动力转移相关变量的家庭数据,影响牧业劳动力转移的因素见式(7-20)。

$$y_{ijt} = \delta fencing_{ijt} + \gamma_j + \alpha_t + x_{ijt}\beta + \varepsilon_{ijt} \qquad (7-20)$$

当因变量为是否存在劳动力转移时,y_{ijt}表示t年位于村庄j的家庭i是否存在劳动力转移(从事非牧劳动),γ_j是村固定效应,α_t是时间固定效应,x_{ijt}是一系列的家庭控制变量,ε_{ijt}是随机误差项。

由前文可知,自1978年起,中国的农村土地(包括草牧场)产权制度在不断完善,政府为了保障产权政策的有效实施,采取了确权的方式,政府补贴牧户修建围栏就是其中一种,修建围栏使得土地产权完备性(即明晰性、安全性、排他性和稳定性的总和)得到了改善。因为本节所使用的数据是以2000年为起始时间,而在2000年之前,草牧场产权制度与确权已经基本落实,只有修建围栏进程比较缓慢,所以在变量选择上,选择是否修建围栏作为产权完备性水平的替代变量。之后,又通过标准固定效应模型检验围栏修建与否与是否存在劳动力转移二者之间的关系。任何不随时间变化,且与修建围栏有关的村特征变量,设为村固定效应。此处假设,随时间变化且影响劳动力转移的村特征变量与修建围栏无关。

二 变量的选取

后续的实证部分是根据前文的理论模型展开的,依据理论模型的结论与假设,非牧业劳动时间和劳动力转移与土地产权完备性水平呈正相关关系,同时如果产权完备性水平一定,劳动力转移和非牧业劳动工资呈正相关,劳动力转移和土地生产率、面积呈负相关。依据以上结论以及对土地产权制度的梳理,在模型中加入了村固定效应,同时为了进行结果的稳健性检验,在随后的回归分析中又加入了家庭特征变量与时间交互项和家庭固定效应,具体变量选取如下。

一是主要变量,即是否修建围栏、非牧工资水平,同时,依据传统收入模型,非牧工资用户户主性别、教育年限、性别与教育年限的交互项、年龄和年龄平方替代、劳动力个数(16—65岁)、草牧场生产率(不同草原类型替换)、草牧场面积。二是家庭特征变量,即孩子个数、老人个数、是否通电、是否打井、房屋个数、生活成本、生产成本。三是家庭固定效应(不随时间变化的家庭变量),即到超市的距离、到学校的距离、到卫生所的距离、到市中心的距离、到高速公路的距离。四是村固定效应(不随时间变化的村变量),即经纬度、土地面积、平原比例、山地比例、湖比例、草牧场面积、放牧面积、打草面积等。

劳动转移具体指年满16岁的农村劳动力选择非农工作,该种移动包括地域内和地域间的职业转变。表7-1为2000—2015年牧民从事不同种类非牧业劳动占比及年非牧劳动收入。

表7-1 牧民从事不同种类非牧业劳动占比及年非牧业劳动收入

年份	种植业(%)	工厂或企事业单位工人(%)	服务业员工(%)	专业技术人员(%)	工厂、企事业单位或服务业负责人(%)	自营服务业(%)	军人(%)	学生(%)	其他(%)	收入(元)
2000	6.45	8.60	5.38	3.23	2.15	3.23	0.00	69.89	1.08	5805.82
2001	6.38	8.51	4.26	3.19	1.06	3.19	0.00	71.28	2.13	5624.00
2002	5.21	8.33	6.25	3.13	1.04	2.08	0.00	71.88	2.08	5391.58
2003	4.76	7.62	11.43	3.81	0.00	1.90	0.00	68.57	1.90	5277.58
2004	5.26	8.77	12.28	6.14	0.88	2.63	0.00	62.28	1.75	11075.93

续　表

年份	种植业(%)	工厂或企事业单位工人(%)	服务业员工(%)	专业技术人员(%)	工厂、企事业单位或服务业负责人(%)	自营服务业(%)	军人(%)	学生(%)	其他(%)	收入(元)
2005	4.13	8.26	13.22	5.79	0.83	3.31	0.00	60.33	4.13	11596.28
2006	2.92	8.76	13.14	5.11	0.73	5.84	0.73	56.20	6.57	16628.41
2007	2.70	9.46	13.51	4.73	0.68	6.08	0.68	56.08	6.08	12695.99
2008	1.89	11.32	18.24	5.66	0.63	6.92	0.63	49.06	5.66	14692.10
2009	1.88	11.88	19.38	6.25	0.00	6.88	0.63	45.00	8.13	15887.60
2010	0.00	12.57	18.56	7.19	0.00	7.19	1.20	44.91	8.38	15225.75
2011	0.00	13.25	19.88	7.83	0.60	7.23	1.20	43.37	6.63	18269.62
2012	0.00	13.14	18.86	8.00	0.57	8.57	0.57	42.86	7.43	17072.60
2013	0.00	12.57	20.96	10.78	1.20	8.38	1.80	38.92	5.39	18101.37
2014	0.00	12.50	19.32	11.36	2.27	7.39	2.27	38.07	6.82	18572.61
2015	0.00	13.97	16.20	13.97	3.35	9.50	1.68	35.20	6.15	17790.61

由表7-1可知，牧民进入非牧业领域主要从事的工作种类包括农业领域的种植业；非农领域的工厂或企事业单位工人，服务业员工，专业技术人员，工厂、企事业单位或服务业负责人，自营服务业，军人，学生和其他。

其中，从转移劳动力从事农业领域的种植业的比例，可以看出该比例逐年下降，从2000年的6.45%下降到2010年的0%后保持不变，这主要是由农业领域收入不高造成的。从事工厂或企事业单位工人的比例整体呈上升趋势，从 2000 年的 8.6% 上升到 2015 年的 13.97%，其中几年有小幅波动。服务业是牧业劳动力转移的主要行业，从事服务业员工的占比从 2000 年的 5.38% 上升到 2013 年的 20.96% 达到最大值，后略微有下降趋势。牧业转移劳动力从事专业技术人员占比整体呈上升趋势，自 2000 年的 3.23% 上升到 2015 年的 13.97%。转移劳动力中，从事工厂、企事业单位或服务业负责人的比例呈现出先下降后上升的倒"U"形趋势，从 2003 年的 2.15% 下降到 2003 年的 0% 后，开始有所上升，2015 年上升到 3.35%。从事自营服务业人员占比整体上呈现波动式上升，从 2000 年的 3.23% 上升到 2015 年的 9.50%，其中某些年份出现波动式下降趋势。牧业转移劳动力从事军人职业占比在调查年份的前几年一直保持 0%，自 2006 年的 0.73% 开始呈现波动式上升，2014 年占比达到最大值为 2.27%，2015 年又有所下降。年满 16 岁的牧业劳动力，主要从事的非牧业领域为学生，学生的比例从 2000 年的 69.89% 上升到 2002 年的 71.88% 后，开始逐年下降，到 2015 年该比例已经下降到 35.2%，这说明牧业家庭在受教育水平逐步提高的过程中从事其他非牧业领域工作的人数也在逐步增加。非牧业劳动年收入，从 2000 年的 5805.82 元上升到 2015 年的 17790.61 元，翻了近三倍。

通过分析表 7-2 主要变量的描述性统计，可以发现调查的总样本量为 3456，其中，存在劳动力转移的样本数为 1525，占总样本数的 44.13%，不存在劳动力转移的样本数为 1931，占总样本数的 55.87%。平均家庭劳动力转移数量为 0.7138 个。总的平均围栏的修建率为 0.6487，对于存在劳动力转移的牧户来说，修建围栏的比率为 0.7323，而不存在劳动力转移的牧户修建围栏的比率为

0.5828。总的人均草场面积为 0.2733 万亩,其中,存在劳动力转移的家庭人均草场面积是 0.23333 万亩,不存在劳动力转移的家庭人均草场面积是 0.3049 万亩。总的人均非牧业收入是 0.7229 万元,存在劳动力转移的家庭人均非牧业收入均值是 1.6455 万元,最大值是 46.1000 万元。户主性别为男性的总平均比率为 0.9167,存在劳动力转移家庭户主性别为男性的比率为 0.8872,低于总平均值,不存在劳动力转移家庭户主性别为男性的比率为 0.9399。户主受教育年限的总平均值为 6.857 年,存在劳动力转移牧户户主受教育年限为 6.8570 年,不存在劳动力转移牧户户主受教育年限为 6.6157 年。户主年龄总体均值为 38.2269 岁,存在劳动力转移家庭户主年龄为 41.9849 岁,不存在劳动力转移家庭户主年龄为 35.2589 岁。对于家庭特征变量,从总体来看,家庭劳动力个数为 2.9870 个,孩子个数为 0.7061 个,老人个数为 0.1374 个,打井比率为 0.5509,通电比率为 0.5416,房屋个数为 1.1167 个,生活成本约 4339 元,生产成本约 3710 元。

表 7-2　　　　　　　主要变量描述性统计分析

变量	均值	最小值	最大值	存在劳动力转移	不存在劳动转移
是否存在劳动力转移 (是=1,否=0)	0.4413 (0.4966)	0.0000	1.0000	1.0000 (0.0000)	0.0000 (0.0000)
劳动力转移数量	0.7138 (1.010)	0.0000	1.0000		
是否修建围栏 (是=1,否=0)	0.6487 (0.4775)	0.0000	1.0000	0.7323 (0.4429)	0.5828 (0.4932)

变量	均值	最小值	最大值	存在劳动力转移	不存在劳动转移
人均草场面积 （万亩）	0.2733 (0.2741)	0.0000	2.5046	0.23333 (0.2206)	0.3049 (0.3062)
人均非牧业收入 （万元/年）	0.7229 (2.2820)	0.0000	46.1000	1.6455 (3.2154)	0.0000 (0.0000)
户主性别 （男=1，女=0）	0.9167 (0.2764)	0.0000	1.0000	0.8872 (0.3164)	0.9399 (0.2377)
受教育年限	6.7222 (3.2617)	0.0000	16.0000	6.8570 (3.4763)	6.6157 (3.0785)
年龄	38.2269 (11.2842)	5.0000	81.0000	41.9849 (11.4044)	35.2589 (11.8176)
劳动力个数 （16—65岁）	2.9870 (1.1809)	0.0000	8.0000	3.3561 (1.2427)	2.6954 (1.0414)
孩子个数 （16岁以下）	0.7061 (0.7269)	0.0000	4.0000	0.5156 (0.6879)	0.8566 (0.7217)
老人个数 （65岁以上）	0.1374 (0.4011)	—	—	0.2039 (0.4803)	0.0849 (0.3155)
是否打井 （是=1，否=0）	0.5509 (0.4975)	0.0000	1.0000	0.6164 (0.4864)	0.4992 (0.5001)
是否通电 （是=1，否=0）	0.5416 (0.4983)	0.0000	1.0000	0.6500 (0.4771)	0.4561 (0.4982)
房屋个数	1.1167 (0.7833)	0.0000	7.0000	1.1948 (0.8170)	1.0549 (0.7502)

续　表

变量		均值	最小值	最大值	存在劳动力转移	不存在劳动转移
生活成本（元）		4339.3280(25555.13)	0.0000	707200	5938.8850(33109.93)	3075.4300(17309.87)
生产成本（元）		3709.5070(18134.97)	0.0000	480000	4248.1730(22332.40)	3262.49(13699.59)
草原类型	荒漠草原	33.33	—	—	44.85	24.24
	典型草原	33.33	—	—	28.79	36.92
	草甸草原	33.33	—	—	26.36	38.84
样本量		3456	—	—	1525	1931

总结上文可知，存在劳动力转移与不存在劳动力转移的各变量数值有所差异。在修建围栏比率，户主受教育年限、年龄，家庭劳动力个数，老人个数，是否打井、通电，房屋个数，生活成本，生产成本方面，存在劳动力转移牧户大于不存在劳动力转移牧户，在人均草场面积，人均非牧业收入，户主性别是男性的比率，孩子个数方面，不存在劳动力转移牧户大于存在劳动力转移牧户。

以上仅进行了简单的描述性统计分析，发现修建围栏户数占比与劳动力转移户数占比、劳动力转移人数随时间的变化趋势相同。依据相关文献梳理，影响劳动力转移的因素有很多，包括户口、性别、草场面积等，所以只进行以上分析是不够的，要想确定产权制度完备性水平与劳动力转移二者之间的相关关系，还要进行实证分析检验。

三 实证结果分析

运用调研数据进行回归分析,结果如表 7-3 所示。回归（1）中显示,当只考虑时间固定效应和村固定效应时,修建围栏使得牧户家庭劳动力转移的概率增加 0.1058,结果较为显著。2000—2015 年,牧户家庭劳动力平均转移率为 0.4413。

在随后的回归分析中,我们进行了一系列的稳定性检验发现以上所得结果趋于平稳。回归（2）中,我们在回归（1）的基础上,加入了家庭控制变量：人均草场面积和人均非牧业收入,发现修建围栏使得牧业家庭劳动力转移概率增加 0.0979,结果显著。修建围栏对于牧业家庭劳动力转移的影响与回归（1）中基本相同,究其原因,国家对修建围栏牧户予以补贴,该补贴项目的实施覆盖所有牧户。同时,结果显示,当人均草场面积增加 1 万亩,劳动力转移概率下降 0.3214,人均非牧业收入增加 1 万元,劳动力转移概率增加 0.0331,结果均较为显著。所得结果与理论模型结论相符,即产权完备性水平和非牧业收入增加,促进劳动力转移,而草场面积与劳动力转移呈反向关系,由于只有 2005 年、2010 年、2013 年和 2015 年 4 年生产率相关数据,所以此处并未进行添加。回归（3）中,我们依据传统收入模型,用一系列家庭特征变量,如户主性别、户主教育年限、性别与教育年限的交互项、户主年龄、年龄平方、家庭劳动力个数,对人均非牧业收入进行替换,发现牧业家庭修建围栏后劳动力转移的概率为 0.0951,结果虽显著但较前两个回归结果多有下降,但相差不大,分析原因,我们在对人均非牧业收入进行替换时,使用的一系列家庭特征变量都是关于户主的,导致结果有些偏差。当人均草场面积增加 1 万亩时,牧户家庭劳动力转移的概率降低 0.2521,户主性别为男性,劳动力转移概率下降 0.3199,结果并不显著。

当教育年限增加1年,牧业家庭劳动力转移概率增加0.0029,性别为男性,教育年限每增加1年,劳动力转移概率增加0.0283,但二者结果均不显著。户主年龄每增加1岁,牧业家庭劳动力转移的概率就下降0.0030,结果不显著。当牧业家庭劳动力个数每增加1个时,劳动力转移概率就增加0.0478,且在5%的水平下显著。

回归(4)中,我们加入家庭固定效应,剔除村固定效应,可知牧户修建围栏使得牧业家庭劳动力转移概率增加0.0928,结果不显著,但差距不大,仍较稳健。分析调研数据发现,2000—2015年,有许多家庭存在搬家现象,但是搬家之前的具体信息缺失,所有家庭固定效应都是搬家之后的。值得关注的是,为了验证修建围栏对牧业家庭劳动力转移的影响是否与修建围栏的时间有关,我们在回归(5)、回归(6)中控制了时间趋势,但证明与修建围栏时间无关,结果依然稳健。回归(5)中,在回归(1)的基础上,加入了旗县与时间的交互项,发现修建围栏使得牧业家庭劳动力转移的概率增加0.0954,结果较显著。回归(6)中,在回归(1)的基础上加入家庭特征变量与家庭特征变量与时间的交互项,包括孩子数与时间交互项,老人数与时间交互项,是否通电与时间交互项,是否打井与时间交互项,房屋数量与时间交互项,生活成本(包含手机、家用电器、家具等花费)与时间交互项,生产成本(包括机井、储草棚、拖拉机、水窖等花费)与时间交互项,发现修建围栏,牧业家庭劳动力转移概率增加0.0962,人均草场面积增加1万亩,劳动力转移概率减少0.3032,人均非牧业收入增加1万元,劳动力转移概率增加0.0367,结果均显著。孩子个数、是否打井、生活成本与劳动力转移呈反向关系,而老人个数、是否通电、房屋个数、生产成本与牧业家庭劳动力呈正向关系,但影响均较小,除了孩子个数和老人个数其他变量都不显著。

表7-3　修建围栏对牧民家庭劳动力转移的影响

变量	是否存在劳动力转移 OLS(1)	是否存在劳动力转移 OLS(2)	是否存在劳动力转移 OLS(3)	是否存在劳动力转移 OLS(4)	是否存在劳动力转移 OLS(5)	是否存在劳动力转移 OLS(6)
是否修建围栏 (是=1，否=0)	0.1058** (0.0502)	0.0979** (0.0481)	0.0951* (0.0487)	0.0928 (0.0738)	0.0954* (0.0520)	0.0962** (0.0454)
人均草场面积 (万亩)	—	-0.3214*** (0.1031)	-0.2521** (0.1106)	—	—	-0.3032*** (0.0937)
人均非牧业收入 (万元/年)	—	0.0331*** (0.0126)	—	—	—	0.0367*** (0.0130)
户主性别 (男=1，女=0)	—	—	-0.3199 (0.2036)	—	—	—
教育年限	—	—	0.0029 (0.0370)	—	—	—
性别与教育年限交互项	—	—	0.0283 (0.0377)	—	—	—
户主年龄	—	—	-0.0030 (0.0104)	—	—	—
年龄平方	—	—	0.0001 (0.0001)	—	—	—
劳动力个数 (16—65岁)	—	—	0.0478** (0.0221)	—	—	—
孩子个数与时间交互项	—	—	—	—	—	-0.0001*** (0.0000)
老人个数与时间交互项	—	—	—	—	—	0.0001*** (0.0000)
是否通电与时间交互项 (是=1，否=0)	—	—	—	—	—	0.0000 (0.0000)

续 表

变量	是否存在劳动力转移 OLS(1)	是否存在劳动力转移 OLS(2)	是否存在劳动力转移 OLS(3)	是否存在劳动力转移 OLS(4)	是否存在劳动力转移 OLS(5)	是否存在劳动力转移 OLS(6)
是否打井与时间交互项（是=1，否=0）	—	—	—	—	—	-0.0000 (0.0000)
房屋数量与时间交互项	—	—	—	—	—	0.0000 (0.0000)
生活成本与时间交互项	—	—	—	—	—	-0.0000 (0.0000)
生产成本与时间交互项	—	—	—	—	—	0.0000 (0.0000)
时间固定效应	Yes	Yes	Yes	Yes	Yes	Yes
村固定效应	Yes	Yes	Yes	No	Yes	Yes
家庭固定效应	No	No	No	Yes	No	No
旗县与时间交互项	No	No	No	No	Yes	No
家庭特征与时间交互项	No	No	No	No	No	Yes
因变量均值	0.4413	0.4413	0.4413	0.4413	0.4413	0.4413
样本量	3456	3456	3456	3456	3456	3456
R^2	0.1872	0.2494	0.2764	0.2398	0.1974	0.2870

注：括号里为 t 值，* 表示在10%的水平下显著，** 表示在5%的水平下显著，*** 表示在1%的水平下显著。

随后，我们选取了围栏价格和 GSPI 全球钢铁价格指数作为修建围栏的工具变量进行二阶段最小二乘法分析，回归结果见表 7-4。

表7-4 修建围栏对牧民家庭劳动力转移影响的二阶段回归

二阶段变量	是否存在劳动力转移 2SLS(1)	是否存在劳动力转移 2SLS(2)	是否存在劳动力转移 2SLS(3)	是否存在劳动力转移 2SLS(4)	是否存在劳动力转移 2SLS(5)	是否存在劳动力转移 2SLS(6)	是否存在劳动力转移 2SLS(7)	是否存在劳动力转移 2SLS(8)	是否存在劳动力转移 2SLS(9)	是否存在劳动力转移 2SLS(10)	是否存在劳动力转移 2SLS(11)	是否存在劳动力转移 2SLS(12)
是否修建围栏（是=1，否=2）	0.1058** (0.0502)	0.1287** (0.0521)	0.0979** (0.0481)	0.1193** (0.0495)	0.0951* (0.0487)	0.1095** (0.0499)	0.0928 (0.0738)	0.1259 (0.0790)	0.1027** (0.0497)	0.1293** (0.0509)	0.1291*** (0.0479)	0.1422*** (0.0486)
人均草场面积（万亩）	—	—	-0.2975*** (0.1046)	-0.8580*** (0.1934)	-0.2176** (0.1112)	-0.3008*** (0.1044)	—	—	—	—	-0.2838*** (0.0970)	-0.3421*** (0.0908)
人均非牧业收入（万元/年）	—	—	—	—	-0.3199 (0.2036)	-0.3019 (0.1929)	—	—	—	—	0.0353** (0.0138)	0.0361*** (0.0133)
户主性别（男=1，女=0）	—	—	—	—	—	—	—	—	—	—	—	—

续表

二阶段变量	是否存在劳动力转移 2SLS(1)	是否存在劳动力转移 2SLS(2)	是否存在劳动力转移 2SLS(3)	是否存在劳动力转移 2SLS(4)	是否存在劳动力转移 2SLS(5)	是否存在劳动力转移 2SLS(6)	是否存在劳动力转移 2SLS(7)	是否存在劳动力转移 2SLS(8)	是否存在劳动力转移 2SLS(9)	是否存在劳动力转移 2SLS(10)	是否存在劳动力转移 2SLS(11)	是否存在劳动力转移 2SLS(12)
教育年限	—	—	—	—	0.0029 (0.0370)	0.0069 (0.0356)	—	—	—	—	—	—
性别与教育年限交互项	—	—	—	—	0.0283 (0.0377)	0.0251 (0.0365)	—	—	—	—	—	—
户主年龄	—	—	—	—	0.0321 (0.0242)	0.0359 (0.0304)	—	—	—	—	—	—
户主年龄平方	—	—	—	—	—	—	—	—	—	—	—	—
劳动力个数(16—65岁)	—	—	—	—	0.0604** (0.0257)	0.0695** (0.0288)	—	—	—	—	—	—
残差	0.5394*** (0.0951)	0.5856*** (0.1017)	−11.7059*** (4.4738)	−10.0037*** (3.6637)	−0.7283 (0.7065)	−0.8054 (0.8598)	0.5924*** (0.1346)	0.6567*** (0.1537)	−1.3027 (0.8474)	−1.3293 (0.8516)	−0.2830 (0.5052)	−0.2876 (0.5709)

续 表

一阶段变量	是否存在劳动力转移 2SLS(1)	是否存在劳动力转移 2SLS(2)	是否存在劳动力转移 2SLS(3)	是否存在劳动力转移 2SLS(4)	是否存在劳动力转移 2SLS(5)	是否存在劳动力转移 2SLS(6)	是否存在劳动力转移 2SLS(7)	是否存在劳动力转移 2SLS(8)	是否存在劳动力转移 2SLS(9)	是否存在劳动力转移 2SLS(10)	是否存在劳动力转移 2SLS(11)	是否存在劳动力转移 2SLS(12)
网围栏价格（元/米）	0.4375*** (0.0333)	—	0.4405*** (0.0344)	—	0.0048 (0.0160)	—	0.3687*** (0.0402)	—	0.3245*** (0.0793)	—	0.3568*** (0.0504)	—
钢铁价格指数 GSPI	—	0.0040*** (0.0004)	—	0.0040*** (0.0004)	—	0.0005 (0.0003)	—	0.0033*** (0.0005)	—	0.0029*** (0.0011)	—	0.0035*** (0.0005)
时间固定效应	Yes	Yes	Yes	Yes	Yes	Yes	Yes	Yes	Yes	Yes	Yes	Yes
村固定效应	Yes	Yes	Yes	Yes	Yes	Yes	No	No	Yes	Yes	Yes	Yes
家庭固定效应	No	No	No	No	No	No	Yes	Yes	No	No	No	No
旗县与时间交互项	No	No	No	No	No	No	No	No	Yes	Yes	No	No

续表

一阶段变量	是否存在劳动力转移 2SLS(1)	是否存在劳动力转移 2SLS(2)	是否存在劳动力转移 2SLS(3)	是否存在劳动力转移 2SLS(4)	是否存在劳动力转移 2SLS(5)	是否存在劳动力转移 2SLS(6)	是否存在劳动力转移 2SLS(7)	是否存在劳动力转移 2SLS(8)	是否存在劳动力转移 2SLS(9)	是否存在劳动力转移 2SLS(10)	是否存在劳动力转移 2SLS(11)	是否存在劳动力转移 2SLS(12)
家庭特征与时间交互项	No	No	No	No	No	No	No	No	No	No	Yes	Yes
样本量	3456	3456	3456	3456	3456	3456	3456	3456	3456	3456	3456	3456
因变量均值	0.4413	0.4413	0.4413	0.4413	0.4413	0.4413	0.4413	0.4413	0.4413	0.4413	0.4413	0.4413
一阶段P-value	0.0000	0.0000	0.0000	0.0000	0.0000	0.0000	0.0000	0.0000	0.0000	0.0000	0.0000	0.0000
一阶段R^2	0.1286	0.1060	0.1262	0.1068	0.0284	0.0179	0.0870	0.0649	0.1508	0.0862	0.1627	0.1439
二阶段P-value	0.0000	0.0000	0.0000	0.0000	0.0000	0.0000	0.0000	0.0000	0.0000	0.0000	0.0000	0.0000
二阶段R^2	0.1872	0.1871	0.2494	0.2538	0.2764	0.2837	0.2398	0.2509	0.1974	0.1969	0.2817	0.2904

注：括号里为 t 值，* 表示在10%的水平下显著，** 表示在5%的水平下显著，*** 表示在1%的水平下显著。

当将围栏价格作为修建围栏的工具变量进行回归时，依照上文中 OLS 回归方式，分别进行回归，其中，回归（1）只考虑时间固定效应和村固定效应，可知修建围栏导致牧户劳动力转移的概率增加 0.1058；回归（3）在时间和村固定效应上添加家庭特征变量，修建围栏使得劳动力转移概率增加 0.0979；回归（5）依据传统收入模型将利用户主性别、教育年限、教育年限和性别的交互项、年龄、年龄平方、劳动力个数对非牧业收入进行替代，修建围栏使得劳动力转移概率增加 0.0951；回归（7）只考虑时间和家庭固定效应，修建围栏使得劳动力转移概率增加 0.0928；回归（9）为了排除修建围栏时间趋势的影响，在时间和村固定效应的基础上添加旗县与时间的交互项，得出修建围栏使得牧户劳动力转移概率增加 0.1027；回归（11）则是考虑时间和村固定效应的同时加入家庭特征变量与时间的交互项，修建围栏使得劳动力转移概率增加 0.1291。

分析回归结果发现，当将围栏价格作为修建围栏的工具变量进行回归时，所得结果稳健，而且较 OLS 稍大。因二阶段回归结果与残差均显著，认为确实存在内生性，即修建围栏与劳动力转移互为因果。此处的围栏价格，是牧户当年围栏价格的中位数，从取值严格意义上讲并不准确。随后，我们将 GSPI 全球钢铁价格指数作为修建围栏的工具变量时，依据之前工具变量的处理方式依次进行回归，修建围栏使得牧户劳动力转移概率增加分别为 0.1287、0.1193、0.1095、0.1259、0.1293、0.1422，结果较为稳健，且与残差均显著，相较于 OLS 结果略微偏大。

综上，牧户修建围栏虽作为国家补贴项目，对于全区牧户实行全覆盖，但是修建围栏费用由牧户和国家共同支付，即是否修建围栏与劳动力转移互为因果，上文所讨论的修建围栏作为家庭劳动力转移决策的考虑因素因而具有内生性问题。

第七章 草原排他性产权强化对劳动力转移的影响

在以上分析中，因为调查数据中关于草牧场生产率的相关变量只有 2005 年、2010 年、2013 年、2015 年 4 个年份的，在我们使用固定效应模型分析时无法添加该变量。同时，由描述性统计分析内容可知，依据牧草种类和每亩产草量等因素将草场分为荒漠草原、典型草原、草甸草原三个类型。随后，我们将不同草原类型作为不同草场生产率划分的标准进行分析，结果见表 7-5。

以上是不同草原类型，是否修建围栏对牧业家庭劳动力转移影响的回归结果。每组通过控制不同变量进行三次回归，结果分析如下。

第一，荒漠草原。当只考虑时间和村固定效应时，修建围栏使得劳动力转移的概率增加 0.1869，添加人均非牧业收入的替代变量后，该概率为 0.1522，草牧场面积增加 1 万亩劳动力转移概率降低 0.7325。最后一组回归是在考虑时间和村固定效应的基础上添加家庭特征变量以及部分变量与时间的交互项，修建围栏使得牧业家庭劳动力转移的概率增加 0.1305，草牧场面积增加 1 万亩，该概率下降 0.5322。由上可知，结果均显著，且较为稳健。同时，年人均非牧业收入每增加 1 万元，牧业家庭劳动力转移的概率增加 0.0201，结果不显著。

第二，典型草原。三组回归的结果分别为 0.0878、0.0689 和 0.0741，结果均不显著。当替代人均非牧业收入后，草场面积每增加 1 万亩，牧业家庭劳动力转移概率增加 0.1390，当添加家庭特征变量后，劳动力转移概率下降 0.0614，结果并不显著。年人均非牧业收入每增加 1 万元，牧业家庭劳动力转移的概率增加 0.0439，结果显著。

表7-5　不同草原类型修建围栏对牧民家庭劳动力转移的影响

变量	是否存在劳动力转移 OLS(1)	荒漠草原 是否存在劳动力转移 OLS(2)	荒漠草原 是否存在劳动力转移 OLS(3)	是否存在劳动力转移 OLS(4)	典型草原 是否存在劳动力转移 OLS(5)	典型草原 是否存在劳动力转移 OLS(6)	是否存在劳动力转移 OLS(7)	草甸草原 是否存在劳动力转移 OLS(8)	草甸草原 是否存在劳动力转移 OLS(9)
是否修建围栏（是=1，否=0）	0.1869** (0.0889)	0.1522* (0.0851)	0.1305 (0.0967)	0.0878 (0.0838)	0.0689 (0.0849)	0.0741 (0.0790)	0.0196 (0.0866)	0.0104 (0.0804)	0.0352 (0.0776)
人均草场面积（万亩）	—	-0.7325*** (0.2447)	-0.5322** (0.2361)	—	0.1390 (0.2326)	-0.0614 (0.2022)	—	-0.3051*** (0.0920)	-0.2416*** (0.0836)
人均非牧业收入（万元/年）	—	0.0966 (0.1983)	0.0201 (0.0179)	—	-0.5708** (0.2481)	0.0439* (0.0247)	—	—	0.0390*** (0.0104)
户主性别（男=1，女=0）	—	0.0720** (0.0356)	—	—	-0.0360 (0.0390)	—	—	0.0673** (0.0284)	—
教育年限	—	-0.0490 (0.0396)	—	—	0.0594 (0.0419)	—	—	-0.0212 (0.0216)	—
性别与教育年限	—								

续 表

变量	荒漠草原 OLS(1) 是否存在劳动力转移	荒漠草原 OLS(2) 是否存在劳动力转移	荒漠草原 OLS(3) 是否存在劳动力转移	典型草原 OLS(4) 是否存在劳动力转移	典型草原 OLS(5) 是否存在劳动力转移	典型草原 OLS(6) 是否存在劳动力转移	草甸草原 OLS(7) 是否存在劳动力转移	草甸草原 OLS(8) 是否存在劳动力转移	草甸草原 OLS(9) 是否存在劳动力转移
户主年龄	—	0.0086 (0.0244)	—	—	0.0110 (0.0161)	—	—	-0.0374** (0.0172)	—
年龄平方	—	-0.0000 (0.0003)	—	—	-0.0001 (0.0002)	—	—	0.0006** (0.0003)	—
劳动力个数 (16—65岁)	—	-0.0332 (0.0374)	—	—	0.1017*** (0.0333)	—	—	0.0554 (0.0395)	—
时间固定效应	Yes	Yes	Yes	Yes	Yes	Yes	Yes	Yes	Yes
村固定效应	Yes	Yes	Yes	Yes	Yes	Yes	Yes	Yes	Yes
家庭特征与时间交互项	No	No	Yes	No	No	Yes	No	No	Yes
因变量均值	0.5937	0.5937	0.5937	0.3811	0.3811	0.3811	0.3490	0.3490	0.3490
样本量	1152	1152	1152	1152	1152	1152	1152	1152	1152
R^2	0.1388	0.2994	0.2924	0.1133	0.2137	0.2163	0.1734	0.2296	0.2193

注：括号里为 t 值，* 表示在10%的水平下显著，** 表示在5%的水平下显著，*** 表示在1%的水平下显著。

第三，草甸草原。三组回归的结果分别为 0.0196、0.0104、0.0352，回归结果较为稳健，且后两组结果显著。当替代人均非牧业收入后，草场面积每增加 1 万亩，牧业家庭劳动力转移概率下降 0.3051，当添加家庭特征变量后，劳动力转移概率下降 0.2416。年人均非牧业收入每增加 1 万元，牧业家庭劳动力转移的概率增加 0.0390，结果显著。

对比三种草原类型的回归结果发现，草甸草原相较于荒漠草原和典型草原，因为牧草种类多，每亩草场产草量高，修建围栏所带来的劳动力转移概率较低，与上文中理论模型的推导结果相符合，当产权完备性水平提高，依据草场生产率的不同带来的牧业劳动力转移概率增加大小的顺序为荒漠草原＞典型草原＞草甸草原。同样，草牧场每增加 1 万亩，带来的劳动力转移的概率下降幅度排序为荒漠草原＞草甸草原＞典型草原，接着我们进行二阶段回归。

由上文分析可以得到，牧户在决定是否进行劳动力转移时需要考虑草牧场是否修建围栏，所以因变量与自变量之间存在互为因果的问题，即回归存在内生性。为解决内生性问题，本章选取了工具变量进行两阶段最小二乘回归，选取的工具变量是围栏价格和钢铁价格指数 GSPI，因为围栏价格数值并不准确，所以在研究不同草场类型时，选取钢铁价格指数 GSPI 当作工具变量进行两阶段最小二乘回归，结果如表 7-6 所示。

在进行最小二乘回归时，分别对每种不同类型的草场只加入时间和村固定效应、收入替代和家庭特征变量与时间的交互项这三种情况进行三次回归，在进行两阶段最小二乘回归时，也依照以上三种情况进行了三次回归，结果如下。

表7-6 不同草原类型修建围栏对牧民家庭劳动力转移的影响二阶段回归

<table>
<tr><th colspan="2" rowspan="2">变量</th><th colspan="4">荒漠草原</th><th colspan="2">典型草原</th><th colspan="3">草甸草原</th></tr>
<tr><th>是否存在劳动力转移 2SLS(1)</th><th>是否存在劳动力转移 2SLS(2)</th><th>是否存在劳动力转移 2SLS(3)</th><th>是否存在劳动力转移 2SLS(4)</th><th>是否存在劳动力转移 2SLS(5)</th><th>是否存在劳动力转移 2SLS(6)</th><th>是否存在劳动力转移 2SLS(7)</th><th>是否存在劳动力转移 2SLS(8)</th><th>是否存在劳动力转移 2SLS(9)</th></tr>
<tr><td rowspan="10">二阶段</td><td>是否修建围栏(是=1,否=0)</td><td>0.2224**
(0.0971)</td><td>0.1884**
(0.0924)</td><td>0.1387
(0.0993)</td><td>0.1091
(0.0810)</td><td>0.0872
(0.0797)</td><td>0.1506*
(0.0795)</td><td>0.0324
(0.089)</td><td>0.0254
(0.0813)</td><td>0.0649
(0.0734)</td></tr>
<tr><td>人均草场面积(万亩)</td><td>—</td><td>-0.7408***
(0.2512)</td><td>-0.5719***
(0.1890)</td><td>—</td><td>-0.2403
(0.6321)</td><td>-0.2813
(0.2595)</td><td>—</td><td>-0.3829***
(0.1029)</td><td>-0.3549***
(0.1141)</td></tr>
<tr><td>人均非牧业收入(万元/年)</td><td>—</td><td>—</td><td>0.0253
(0.0173)</td><td>—</td><td>—</td><td>0.0928***
(0.0168)</td><td>—</td><td>—</td><td>0.0548***
(0.0159)</td></tr>
<tr><td>户主性别(男=1,女=0)</td><td>—</td><td>-0.0445
(0.4736)</td><td>—</td><td>—</td><td>-0.4785*
(0.2502)</td><td>—</td><td>—</td><td>—</td><td>—</td></tr>
<tr><td>教育年限</td><td>—</td><td>0.0419
(0.1034)</td><td>—</td><td>—</td><td>-0.0255
(0.0390)</td><td>—</td><td>—</td><td>0.0736**
(0.0295)</td><td>—</td></tr>
</table>

续 表

变量		荒漠草原 是否存在劳动力转移 2SLS(1)	荒漠草原 是否存在劳动力转移 2SLS(2)	荒漠草原 是否存在劳动力转移 2SLS(3)	是否存在劳动力转移 2SLS(4)	典型草原 是否存在劳动力转移 2SLS(5)	典型草原 是否存在劳动力转移 2SLS(6)	是否存在劳动力转移 2SLS(7)	草甸草原 是否存在劳动力转移 2SLS(8)	草甸草原 是否存在劳动力转移 2SLS(9)
二阶段	性别×教育年限	—	−0.0238 (0.0815)	—	—	0.0476 (0.0428)	—	—	−0.0251 (0.0223)	—
	户主年龄	—	0.0038 (0.0079)	—	—	−0.3706 (0.7294)	—	—	−0.2189** (0.0960)	—
	年龄平方	—	—	—	—	—	—	—	—	—
	劳动力个数(16—65岁)	—	−0.0359 (0.0631)	—	—	−0.1640 (0.5176)	—	—	0.0455 (0.0382)	—
	残差	0.8111*** (0.2188)	0.2873 (1.3864)	0.4483 (0.7467)	0.4266** (0.1769)	12.8163 (24.7863)	−1.6771* (1.0000)	0.6039 (0.1428)	4.4871** (1.9386)	2.0856 (1.8213)
一阶段	钢铁价格指数GSPI	0.0027*** (0.0006)	0.0137*** (0.0039)	0.0027*** (0.0008)	0.0036*** (0.0006)	0.0006 (0.0004)	0.0028*** (0.0007)	0.0063*** (0.0008)	0.0015*** (0.0006)	0.0055*** (0.0009)

续 表

变量	荒漠草原			典型草原			草甸草原		
	是否存在劳动力转移 2SLS(1)	是否存在劳动力转移 2SLS(2)	是否存在劳动力转移 2SLS(3)	是否存在劳动力转移 2SLS(4)	是否存在劳动力转移 2SLS(5)	是否存在劳动力转移 2SLS(6)	是否存在劳动力转移 2SLS(7)	是否存在劳动力转移 2SLS(8)	是否存在劳动力转移 2SLS(9)
时间固定效应	Yes	Yes	Yes	Yes	Yes	Yes	Yes	Yes	Yes
村固定效应	Yes	Yes	Yes	Yes	Yes	Yes	Yes	Yes	Yes
家庭特征×时间	No	No	Yes	No	No	Yes	No	No	Yes
因变量均值	0.5937	0.5937	0.5937	0.3811	0.3811	0.3811	0.3490	0.3490	0.3490
样本量	1152	1152	1152	1152	1152	1152	1152	1152	1152
一阶段 P-value	0.0000	0.0000	0.0000	0.0000	0.0000	0.0000	0.0000	0.0000	0.0000
一阶段 R²	0.0078	0.0071	0.0539	0.0836	0.0238	0.1272	0.2179	0.0568	0.2547
二阶段 P-value	0.0000	0.0000	0.0000	0.0000	0.0000	0.0000	0.0000	0.0000	0.0000
二阶段 R²	0.1757	0.3154	0.3710	0.1169	0.2316	0.2616	0.1601	0.2203	0.2383

注：括号里为 t 值，* 表示在 10% 的水平下显著，** 表示在 5% 的水平下显著，*** 表示在 1% 的水平下显著。

当为荒漠草原时,在模型中加入时间和村固定效应、收入替代和家庭特征变量与时间的交互项,修建围栏使劳动力转移的概率提高,依次为0.2324、0.1884、0.1387,结果较为稳健;当为典型草原时,修建围栏使牧户劳动力转移的概率提高,分别为0.1091、0.0872、0.1506;当为草甸草原时,修建围栏使劳动力转移的概率提高,分别为0.0324、0.0254、0.0649。三种类型草原的两阶段最小二乘结果都高于普通最小二乘的结果,而且,产权制度完备性改善时,低生产率的草牧场劳动力转移增加幅度更大。

第八章

结论与政策建议

　　草地作为中国最大的陆地生态系统，也是经济以及畜牧业发展所依托的重要基地、自然资源的巨大宝库、少数民族生存的重要家园，更是中国生态安全的重要屏障。但现阶段草原牧区发展中存在突出问题，包括牧民生计下降、草原生态退化、牲畜超载严重等，制约了草原地区经济和生态的可持续发展。故而，如何进行草原资源保护和经济开发的产权规制与相关制度设计成为政策制定者和学者们热烈讨论的话题。从历史层面来看，围绕草原经营与保护问题的相关研究存在着巨大的分歧。其一，牧区问题的关键在于草场承包到户的制度安排不适应草原生态系统综合管理要求。其二，牧区问题的根本在于产权改革不彻底，牧民不能获得完全的草地所有权，市场经济体制不完善。在理论层面，根据产权经济学规律，明晰草场产权会有效遏制草原生态退化、牲畜超载严重等问题，但就草原确权承包政策实施效果来看，草原确权政策的实施与预期效益间存在着明显的差距。在政策制定层面，探析草地确权颁证的实际效果，从而进一步制定适宜的草原政策，也是当前为促进畜牧业稳定发展所亟待解决的重要问题。由此，本书基于产权理论及政策有效性评价视角，采用理论分析与实证分析相结合的思路与方法，以北方草原为研究目标区域，测度和评价草原确权颁证政策的有效性，并基于土地经济视角，评估草地流转的经济影响。

综合以上章节的分析,本章主要基于各章节研究内容及研究设计,提练出主要研究结论,为优化牧区产业政策,特别是草原确权颁证及草地流转等政策制定提出可行性建议。

第一节 研究结论

一 草地确权颁证经济效益显著

根据传统的产权理论,明晰产权能够对产权主体形成有效激励,使其对草地进行有效的管护并进行长期的生产性投资,提高草地的流转效率和流转能力,还可以使草场作为抵押品进入正规金融市场。本书首先构建农地确权颁证影响农户农业投资行为的模型框架,进而采用在内蒙古自治区内收集到的截面数据对其进行实证分析。研究结果表明,确权颁证对草原家庭在生产经营活动中的总投入产生了显著的促进作用,这种促进作用是通过影响总投入中畜牧养殖以及农业生产经营两方面的投入来实现的。

二 草地确权颁证促进草地流转市场的发展

从土地经济的视角来看,土地流转市场作为一种区域性非常强的要素配置市场,伴随着经济的发展和专业化生产的深化以及相关要素市场的发展,促使土地这种生产要素从生产力低的家庭向生产力高的家庭流动,从而实现帕累托改进,促进资源的优化配置。本书首先通过构建理论模型,研究发现通过实施草场确权这一政策有助于消除草地流转市场的约束性条件,这意味着草地确权使得牧户参与草场流转活动的交易成本更低,因而草场流转市场将变得更加活跃。其次,本书运用2019年内蒙古牧区农牧户调查数据进行实证分析,通过实证分析发现，实施草地确权颁证政策与否会对牧户间的草地流转行为产生显著影响。具体地，若牧民家庭所在的村庄实施了草地确权颁证政策，会增加牧民家庭流转的草地块数和草地面积。

三 草地流转经济效益显著

草地流转作为优化牧区草场资源配置的重要方式，对于推动中国现代畜牧业发展和草原生态环境保护具有重要意义。本书使用来自内蒙古自治区锡林郭勒盟牧区2013年、2014年和2015年入户调研数据，在控制了可能影响牧户之间草地流转行为的因素之后，分别从牧户收入、消费以及生产投入三个方面入手，实证分析草地流转的经济效应。主要得出如下结论。第一，草地流转对于牧户收入的影响。牧户间的草地流转行为对其收入水平具有显著正向影响。说明牧户参与草地流转会显著提高其收入水平。除此之外，牧户拥有的草地面积也会对其收入水平产生正向影响，牧户所拥有的草地面积越大，其收入水平越高。第二，草地流转对于牧户消费的影响。牧户间的草地流转行为会显著提升其消费水平，草地流转对于牧户消费水平具有显著正向影响。第三，草地流转对于牧户生产投入的影响。牧户之间的草地流转行为会显著降低其生产投入，会对其生产投入产生负向影响，具体地，这种负向影响主要是通过减少牧民的畜牧养殖投入来表现的。

第二节 草原产权治理的路径与对策

一 建立开放性草场承包制

草原经营与保护问题历来是草原经济学界所讨论的重点，因为草原生态投资建设具有特殊性。其一，投资数额巨大且时间上有不可延缓性，这是因为草原生态恶化的严重性及草原生态建设的长期性；其二，投资收益具有滞后性；其三，投资主体与获利主体具有不一致性，生态效益与社会效益由全社会共享，而直接投资者的经济效益低。所以，仅仅依靠当地牧民通过承包草场来修复生态环境，过程是十分缓慢的。因此，有必要建立健全一种全新的草场承包制，这种新的草场承包制要打破地域招标限制并以生态效益为重要目标之一。在草场承包之前，要将非牧人口和牲畜予以清理。首先，要普查当前从事畜牧业的人口及其所拥有的草原、牲畜数量，从而及时清理非牧人口。其次，将草原使用权平均分配给集体成员，使用权长期不变，使用期大于正常投入产出周期。同时，划清牧户草场边界，准确记录草地类型、等级和合理载畜量，科学合理地进行草原承包，发放草原使用权证，把草原使用权落实到户。草原使用权证应包含排他性占有权、开发权、收益权、转让权、租赁权和继承权等内容，以确保草原产权明晰。

二 理顺草场产权同治理结构的关系

在当前的时代背景下，中国的草原产权治理的优化路径需要一种全局性的思维，更需要基层政府、牧民等各方治理主体的良性互动。在牧区草场产权的选择上仍坚持实行草场集体所有，也即家庭草场承包责任制，但需要具体问题具体分析，根据牧区不同情况对现行草场产权予以调整和修改。具体而言，一方面，要实行牲畜数量配额的产权制度。在过去，嘎查村范围内实行草场共用时，没有控制合理载畜量，致使过度放牧造成的"公地悲剧"。接着，草场承包到户实现草场面积公平分配，但是因为放牧单位缩小，使得草场退化严重，同时牲畜数量持续增长，出现私地悲剧。所以，要在牧户承包草地面积不断变化的情况下，各草场应以放养的牲畜作为承包到户的产权形式，

第八章 结论与政策建议

在嘎查村级范围内实行草场连片公用,保证牲畜流动空间,这是一种可以把握草原资源特点的,同时兼顾草场共用和牲畜数量控制的一种新的产权形式。另一方面,要落实承包人生态治理责任制度。要明确生态同经济之间的主从关系,做到经济嵌于生态,以生态为主。作为草场承包人要在使用草场的同时履行保护草场生态环境的责任,严禁以任何形式在草场进行农业开垦,随意改变草场用途,控制草场牲畜数量,避免过度利用草场,积极探索多种形式的草场利用方式,积极主动地进行草场建设。

三 加强生态奖补力度,优化牧民创业环境

随着国民经济的平稳发展,中国牧区的生态补贴也应顺应时代,随着时代的发展而不断演进。要加强畜牧业发展补贴,通过生态奖补、退牧还草等政策给予牧户生态补偿,从而缓解畜牧业发展过程中的其他问题,例如畜牧业面临的经营风险、牧区社会治安问题等,最终实现"生态、生产、生活"的有机结合。除此之外,对于已经禁牧或无经营草场的牧民,应进行妥善的转移置业,加大牧区教育投入以从根本上提高牧民的综合素质。在实行义务教育的基础上,应继续为牧民子女提供均等的受教育机会,保证少数民族子女不会因资金问题而辍学。与此同时,对中年牧民的生产技术予以专项培训,有效提升牧民自身的生计能力。对于二次择业或创业的牧民,则更需要宽松的创业环境和城市接纳环境,保障牧民生计发展,从而提高牧民的城镇适应能力。

四 健全草地流转市场监管体系

目前,地缘、亲缘或政策推动是进行草场流转的主要渠道,因此在面临流转草场生态退化问题时,草场转出主体可能会碍于情面或法

律意识薄弱难以对草场转入者进行追责、处罚，从而使草场退化、生态环境恶化等问题难以有效解决。因此，要规范草场承包和草场流转市场管理，加大对违法行为的处罚力度。从加强草场流转合同管理入手，对合同内容、签订程序予以规范，从而降低交易费用、稳定草场流转关系、提高草场流转效率。探索如何完善草场市场化流转管理也是牧区政府工作的重要内容。政府除依法规范、确认草场承包权的抵押制度外，还要在草场交易市场上对交易双方的身份、资格进行严格的审查，从而在源头上杜绝违规、非法交易的发生。与此同时，对于已经发现的非法、违规利用草场的主体，应严厉处罚，并做好宣传警示工作，引起其他牧民的重视。

五　完善牧民社会保障体系建设

随着中国不断深化草地家庭承包责任制度改革，在促进畜牧业发展的同时，也产生了一些如草场细碎化、过度放牧造成生态环境退化等一系列问题。因此，部分牧民通过转出草场，从事其他产业来维持生计。草地确权颁证和草地流转有助于草地资源的二次配置，对于促进牧区畜牧业发展、提高牧民收入等方面具有重要意义，而当牧民的社会保障体系缺失或者不健全时，会增加牧民参加草地流转后的生计担忧，降低其参与草地流转的意愿，使草地资源的优化配置受阻。因此建议，在牧民现有的社会保障体系的基础上，进一步完善和提升牧民的社会保障体系和社会保障水平，争取实现等同城镇居民享有的社会保障，例如基本医疗、养老保险和教育投入。同时配以有力的政策宣传，提升牧民对于社会保障体系的认知度，并鼓励牧民积极参与。

后　记

　　自20世纪80年代开始"畜草双承包",到全国普遍推行草原确权到户,草原产权改革引起学术界广泛讨论。围绕该问题的相关研究形成两种相悖的核心论点,即牧区问题的关键是在于草场承包到户的制度安排不适应草原生态系统综合管理要求还是在于产权改革不彻底、牧民不能获得完全的草地所有权,市场经济体制不完善,本书即是对这一问题研究的阶段性成果。本书的研究不仅借鉴、整理了大量前人相关研究成果,回顾中国草地产权政策改革的历史进程,比较分析国外典型草原产权政策;而且进行了认真而又艰辛的收集整理工作并对大量数据进行筛选统计,同时在内蒙古地区开展实地调研。

　　通过分析测度,本书得出如下三点结论:首先是草地确权颁证政策产生的经济效益显著;其次是实施草地确权颁证的政策会对牧户间的草地流转行为产生显著正向影响;进一步,草地流转行为在牧户收入、消费以及生产投入三个方面的经济效益显著。本书的研究结论从产权理论及政策有效性评价视角、土地经济视角来看均具有重要意义,为草原确权颁证及草地流转等政策制定提供依据。草原确权作为稳定草原产权的正式制度安排,对激励牧民生产性投资、促进草地流转,实现草原可持续利用具有实践意义,未来,课题组将从如下几个方面入手，继续深入对草原产权问题的研究：一是从效率角度，研究草原产权变革对牧户生产技术效率的影响；二是从可持续发展角度，研究草原产权变革对畜牧业碳排放量以及环境污染治理的影响；三是继续关注"围栏效应"的争论，从牲畜本身和生态系统、经济效益的综合考量，将它们之间的相互作用纳入研究范围，提出更为灵活和包容、因地制宜的草原产权改革方向。

值此书稿即将付梓之际，回首写作历程感慨良多。在写作过程中，课题组曾多次集中研讨、交流与修改，团队成员提出了许多宝贵修改意见，在此表示感谢。同时要感谢国内外理论工作者的辛勤劳动，才能使撰写本书的过程中开拓了眼界增长了见识。本书是写作组集体研究、讨论、分工协作的结果，写作组的具体分工如下：侯建昀总撰全文，负责选题、框架的构思、全文的设计，以及第一章、第六章、第七章和第八章的写作；李敬玉对国内外文献进行了梳理，撰写了第二章，并对调研数据进行了整理，完成了第四章和第五章的实证部分，同时对全书的文字、图表和参考文献进行了校对；郎榕坤负责了国内与国外典型草原产权政策的比较，完成了第三章的写作。感谢吉璟波和屈文清参与第四章和第五章的数据分析和实证分析。

本书的研究和写作得到内蒙古大学时间利用调查与研究中心和内蒙古自治区人口战略研究智库联盟等平台的支持，以及教育部霍英东基金会青年教师基金项目"草原确权颁证政策对牧民生产性行为影响评估研究"（编号：171108）、国家自然科学基金项目"产权激励还是围栏陷阱？草原确权颁证对牧户草地管护、投资及流转的影响评价研究"（编号：71863026）的资助，在此一并表示感谢。我们将继续关注并深入研究草原产权改革问题，以丰富该论题的相关研究，并为政府提供决策依据和抉择参考。由于随着对数据的熟悉和研究的深入，发现有很多重要话题以及闪光点都未能呈现在本书中，当然，因为作者的研究水平有限，研究难免存在疏漏和不足之处，恳请学界同仁及读者批评指正，共同推进该论题的研究向纵深发展。